Mulheres francesas não dormem sozinhas

FONTANAR

Jamie Cat Callan

Mulheres francesas não dormem sozinhas

Tradução
Regiane Winarski

FONTANAR

EDITORA OBJETIVA LTDA.
Rua Cosme Velho, 103
Rio de Janeiro – RJ – CEP: 22241-090
Tel.: (21) 2199-7824 – Fax: (21) 2199-7825
www.objetiva.com.br

Título original
French Women Don't Sleep Alone

Capa e imagem de capa
Carolina Vaz

Revisão
Patrícia Sotello Soares
Jaqueline Gutierrez
Michele Paiva

Editoração eletrônica
Abreu's System Ltda.

CIP-BRASIL. CATALOGAÇÃO-NA-FONTE
SINDICATO NACIONAL DOS EDITORES DE LIVROS, RJ

C16m

Callan, Jamie
Mulheres francesas não dormem sozinhas / Jamie Cat Callan; tradução Regiane Winarski. - Rio de Janeiro : Objetiva, 2011.

Tradução de: *French women don't sleep alone*
206p. ISBN 978-85-390-0209-2

1. Relações homem-mulher. 2. Encontro (Costumes sociais) - França. 3. Mulheres - Comportamento sexual - França. I. Título.

10-5916. CDD: 646.77
CDU: 392.4

Sumário

Para Thompson, com amor

Le mystère de la femme française
c'est que son homme
sait qu'il peut la perdre à tout moment.

*

(O mistério da mulher francesa é que o seu homem sabe que pode perdê-la a qualquer momento.)

Introdução

Minha avó era francesa.

Em todos os anos da minha infância, nunca achei que a entendesse de verdade. Na verdade, durante muito tempo, achei que ela nem gostasse de mim. Eu a achava um tanto fria. E ela era mesmo meio distante. Eu a amava, com todo meu coração. E a admirava também, mas em muitas ocasiões tive inveja das minhas amigas que tinham estereótipos de avós grisalhas, vovozinhas afetuosas que usavam vestidos floridos de algodão, faziam biscoitos para as netas e apertavam as bochechas delas, as beijavam e abraçavam contra o corpo macio até elas se contorcerem e saírem correndo.

Minha avó francesa não fazia nenhuma dessas coisas. Ela era alta, magra e elegante. De duas em duas semanas, aos domingos, ela chegava em nossa casa em Stamford, Connecticut, no recém-lavado Buick preto e incrivelmente brilhante de meu avô. Ele sempre dirigia, porque minha avó nunca aprendeu a dirigir. Mesmo assim, ela nunca ficava sem alguém para dirigir para ela quando queria passear pela cidade.

Eu ficava animadíssima só de pensar nas visitas da minha avó. Sabia que ela ia querer me observar, me perguntar sobre minhas aulas de dança, me mandar ficar com a postura ereta e avaliar minhas roupas. Eu sempre me vestia bem para ela. Corria até o carro e abria a porta do passageiro para cumprimentá-la e, antes mesmo que ela pudesse se levantar, perguntava se tinha trazido alguma bala para mim. Eu tinha aprendido isso com minha melhor amiga e a avó dela.

No entanto, minha avó nunca trazia balas. Ela abria a bolsinha de couro e me oferecia uma pastilha de alcaçuz para tosse. Eu aceitava como se fosse o doce mais delicioso do mundo e agradecia. Então minha avó tirava de dentro do carro as pernas envoltas em uma meia calça e se inclinava para me dar um beijo em cada bochecha.

O cabelo dela era escuro, mas depois ela trocou por um tom prateado. Tinha pernas longas, magras e bem torneadas. E sempre usava um lenço colorido em torno do pescoço, meia-calça transparente e saltos altos. O cabelo sempre estava perfeitamente arrumado; afinal, ela passava todas as tardes de sábado da vida dela no salão de beleza. Ah, e ela usava um pouco de maquiagem e sempre estava de batom. Gostava da cor pêssego. Não rosa. Ela era bem específica. Tinha que ser pêssego. Os sapatos combinavam com a bolsa, mas nunca era um conjunto. Ela não fazia nada tão óbvio assim. Sempre tinha um lenço de seda na bolsa. Não sorria muito. Não gargalhava com desinibição. Raramente me abraçava.

No entanto, tinha a atitude perfeita.

Quando ela chegava, causava uma pequena agitação entre os vizinhos. Falava com um leve sotaque. Era uma maravilhosa cozinheira e me ensinou a fazer *tarte tatin*. (E agora eu lamento não ter anotado a receita!)

Na casa dos meus avós em Devon, Connecticut, eles tinham uma horta onde plantavam nabo, beterraba, vagem, abobrinha, milho e tomate, e depois faziam compotas no inverno. Também tinham um pessegueiro, e minha avó sempre fazia geleia e torta de pêssego. Quando comíamos na casa deles, tudo era fresquinho e delicioso.

Eu não me dei conta na época, mas estava crescendo sob a gentil influência da minha misteriosa avó francesa e fui testemunha dos segredos que as mulheres francesas vêm usando há séculos para manter os homens intrigados e em estado de contínua fascinação. É verdade que minha avó e meu avô nem sempre tinham uma relação pacífica. De vez em quando, tinham discussões exaltadas. Nas primeiras vezes em que testemunhei essas brigas, fiquei muito chateada. Eu via meu avô gritar e minha avó se enfurecer e canalizar as energias dela para sovar massa de torta, apertando e virando, socando e esticando com o rolo, e assim ela fazia uma maravilhosa torta de maçã. A desavença podia prosseguir por horas ou dias, mas sempre terminava do mesmo modo: uma noite de sussurros com a porta do quarto trancada. Na manhã seguinte, minha avó voltava da loja de departamentos com um chapéu novo. Não demorei muito para perceber que essas brigas não se tratavam apenas de desavenças, mas que uma dança intrincada e sensual estava acontecendo. Vi que, para uma francesa, é mais importante se manter firme e ser ela mesma do que sempre se ter um relacionamento tranquilo e manter as pazes; que, às vezes, preparar uma torta deliciosa é melhor do que a comunicação direta; e que não ser sempre uma "boa menina" pode aumentar a temperatura no quarto.

Quando jovem, minha avó foi cantora, dançarina e musicista, e até costurava figurinos para peças. O lado francês da minha família é repleto de pintores e músicos, dançarinos e cantores, e até um produtor de fantoches. Durante os anos 1920, meu avô dirigiu uma companhia teatral da família, que se apresentava nos teatros da Nova Inglaterra. Minha avó cantava e tocava violino; minha mãe, com cachinhos estilo Shirley Temple, dançava e recitava poesia (uma vez até no programa *The Children's Radio Hour* em Nova York); e meu tio tocava bateria. Isso foi durante a Grande Depressão, durante os anos do desaparecimento do vaudevile.

Cresci ouvindo essas histórias e queria ter os cachinhos estilo Shirley Temple também. Quando eu era pequena, minha avó enrolava meu cabelo, usando tiras de lençóis velhos. Eu ficava pacientemente sentada enquanto os dedos dela trabalhavam no meu cabelo recém-lavado, para que eu pudesse ir para a escola na segunda-feira de manhã com "cachos de trapos", como ela os chamava. Eu olhava para o reflexo dela no espelho, sentada atrás de mim, os lábios repuxados, o rosto adorável em profunda concentração, e pensava: "quero ser como ela", sabendo que era impossível. Eu não era nada como ela. E ela continuaria sendo uma estrangeira para mim, um mistério.

No final da sexta série, todas as crianças tiveram que decidir qual língua estrangeira gostariam de estudar no ano seguinte. É claro que eu queria aprender francês. Eu já tinha experimentado usar meu francês falso com minha amiga Joanne. Nós íamos para o supermercado A&P e andávamos pelos corredores fingindo que não éramos americanas e que estávamos "muito confusas" com aqueles produtos. "Como se diz? Cornflakes da Kellogg's?" Ríamos muito e falávamos "Oh là là! Mon Dieu!" Era muito divertido, mas é claro que não enganávamos ninguém, e o dono do mercado nos dizia que, se não fôssemos comprar nada, tínhamos que ir embora. Pensando nisso agora, percebo que nosso desejo de falar francês tinha mais a ver com a fantasia de sermos sedutoras e bonitas e misteriosas, e menos a ver com a língua em si. E, para dizer a verdade, eu era péssima nas aulas de francês da escola, apesar de ter prosseguido estudando até o ensino médio.

Durante o verão, antes do meu último ano do ensino médio, li um artigo na revista *Mademoiselle* sobre os direitos das mulheres e a liberação feminina. Estávamos nos anos 1970 e tudo tinha mudado. Eu usava jeans rasgado para ir à escola e uma jaqueta camuflada coberta de bótons de protesto. Certa tarde, segurei minha avó no sofá e disse a ela que ela devia parar de deixar meu avô dominá-la e explorá-la. Disse a ela que ele a estava oprimindo! Por que ela deveria ser a pessoa a preparar a maioria das refeições e a lavar a louça? Por que ela tinha que ficar fazendo compotas de legumes?

"Mas nós fazemos isso juntos", foi a resposta dela. Eu persisti: "Por que você tem que ir ao salão de beleza e se arrumar o tempo todo? Vovô não passa tanto tempo assim se embelezando pra você." Cheguei mais perto dela e continuei: "E por que você sempre usa saias e vestidos e meias-calças com sapatos de salto?"

Minha avó apenas sorriu. Brincava com as pérolas em torno do pescoço e pediu uma xícara de chá para minha mãe. Esse era o sinal dela de que não queria continuar aquela conversa e que o assunto estava encerrado.

Apesar de tudo, a resposta dela só acrescentou mais mistério em torno de minha avó e ao mistério de ser uma mulher francesa.

Ao me formar na faculdade, viajei para a França. Tinha 21 anos e pensei: "Bem, agora vou entender." Fiz uma entrevista para trabalhar com um estilista em Paris e me saí muito bem na hora de tomar notas (era uma empresa britânica e eles falavam inglês), mas quando me sentei para transcrever minhas anotações, descobri que o teclado europeu era um pouquinho diferente do teclado britânico e americano. O *a* e o *q* ficavam invertidos. O ponto final não ficava no local certo, e o *z* ficava onde o *w* deveria estar! Ainda assim, continuei me esforçando. Frequentei a Aliança Francesa. Morei num sótão no quinto andar de um prédio no Boulevard St. Michel com uma garota inglesa chamada Maureen Reardon, que conheci na travessia do canal de Dover até Calais. Conheci um rapaz. Me apaixonei. Me desapaixonei. Andei pelo Jardin du Luxembourg todo dia de manhã. Eu mutilava a língua francesa e continuei uma intrusa, uma turista. Em fevereiro do ano seguinte, Paris estava fria e chuvosa. Peguei uma gripe. Fiquei sem dinheiro. Esperei no escritório da American Express por um dinheiro de emergência enviado pelos meus pais.

E, então, parti para Londres e para o conforto da língua inglesa.

Desde então, anos se passaram e visitei a França muitas vezes. Mesmo assim, o país e as francesas permaneceram sendo um enigma para mim. Depois que minha avó e minha mãe morreram, fiquei com muitas perguntas sobre cultura, língua, história e como manter vivos os remanescentes dos meus ancestrais franceses em meu grande país. Também tinha muitas perguntas sobre amor e casamento. Tanto minha mãe quanto minha avó tiveram casamentos turbulentos e apaixonados, mas como elas mantinham os maridos fascinados e centrados nelas era algo que eu não entendia. Eu sabia que não se tratava apenas de ser "boa" e dar ao homem exatamente o que ele queria. Na verdade, no enterro de minha mãe, meu pai ficou de pé e espontaneamente cantou a antiga música *Thanks for the Memories*, cuja letra dizia: "você pode ter me enlouquecido, mas nunca foi entediante."

Sou divorciada e me casei de novo há pouco tempo, portanto tenho interesse especial em investir na ideia de descobrir os segredos de como as francesas mantêm a chama do amor acesa e constantemente fascinante. Há tantas coisas sobre romance, sexo, casamento e ser mulher que minha avó e minha mãe nunca tiveram a chance de me contar. É por isso que tomei a decisão de viajar para a França, conversar com as francesas, aprender tudo que pudesse e depois escrever este livro, para que todas as minhas amigas pudessem se beneficiar das lições que as francesas têm a oferecer.

No entanto, com a minha falta de desenvoltura com a língua, como eu ia escrever um livro revelando os segredos das francesas para conquistar e preservar o amor? Apesar de dar uma relembrada com o CD *Pimsleur Language Program* (maravilhoso, aliás), eu precisava de alguma ajuda para traduzir discussões sobre as delicadezas das lingeries e confissões de alcova. E precisava de alguém que conhecesse mulheres francesas de verdade, francesas (casadas e solteiras) que abrissem os corações e as portas para mim.

Aqui entra Jessica Lee. Ela é uma grande amiga. É a editora do periódico *New American Paintings*. É bonita e brilhante. Sabe se vestir. Sabe exatamente onde fazer as sobrancelhas e como planejar um jantar divertido. Circula graciosamente entre Boston e Cambridge, e é deliciosamente paqueradora e simpática. Como editora, viaja pelo mundo para ir a eventos de arte: Basel, Miami, São Francisco, Chicago, e é claro que já viajou por toda a Europa.

Ela é muito culta. Estudou em Barnard. O francês dela é impecável.

Jessica está com 30 e poucos anos e é solteira. É uma garota aventureira.

E assim, fomos para a França. Jessica foi minha tradutora, minha embaixadora e meu passaporte no país das mulheres francesas.

Nós duas fomos transformadas pelas lições que aprendemos com as francesas que entrevistamos.

Na verdade, quando saía da França a caminho da Itália, Jessica conheceu um belo francês no aeroporto. Eles se sentaram juntos no avião. Inspirada pelas entrevistas com as francesas, Jessica conversou com Nelson, e, bem, a tensão entre eles soltou faísca. Antes de irem cada um para o seu lado, trocaram seus contatos. Até hoje se escrevem, e a receita dele aparece neste livro. Depois, outro homem, um anglo-italiano, insistiu em ajudá-la com a bagagem até Florença. Por fim, quando voltava para os Estados Unidos, ela fez uma escala de seis horas em Londres. Jessica precisava ir do aeroporto de Gatwick até a Victoria Station, onde planejava encontrar o amigo Carlo para tomar um drinque. Tinha trocado de roupa, do habitual jeans para saia e botas (uma combinação bem francesa). Enquanto ela estava na máquina de bilhetes, tentando descobrir qual bilhete comprar (zona 1, zona 2, zona 1 e 2, dia, semana etc.), ela se virou para pedir ajuda para uma mulher. Enquanto ouvia a explicação, um homem andou até o lado dela e perguntou: "Você precisa de ajuda?" Era parecido com Hugh Jackman. Bem britânico. Bem bonito. Jessica explica desse jeito:

> Ele veio e simplesmente pegou uma das minhas duas malas, e começou a andar em direção à escada rolante. Foi meio estranho, pois eu tinha acabado de perguntar à loura que estava me ajudando se eu podia segui-la até o trem. Ela chegou à escada rolante e eu fui atrás, depois entraram algumas pessoas e, por fim, o homem com a minha mala... Então, eu ficava olhando para a frente e para trás, sem saber quem eu devia seguir... Mas ele estava com a minha mala, e aí, quando o trem parou, ela foi para um lado, ele foi para o outro, e eu pensei: "Bem, ele é um homem bonito E está com a minha mala..." Então, o segui.
>
> Nós conversamos e rimos, e ele pediu meu e-mail assim que chegamos à estação dele.
>
> *Voilà*!! Oh, sim, e em cada uma dessas vezes, eu estava usando aquela combinação de blusa, jaqueta, saia e botas. Acho que é garantia de atrair homens para ajudá-la com suas malas!

E quando voltou aos Estados Unidos, Jessica recebeu este e-mail do nosso herói:

... adorei conhecer você, mesmo correndo, no trem hoje. É uma pena que você só estivesse de passagem, pois eu adoraria passar mais tempo conversando. Mas me sinto um pouco culpado de ter jogado a moça que estava sendo gentil com você para escanteio! Acho que a natureza impõe que nada pode entrar entre um homem e uma garota muito bonita que precisa de ajuda...

Só para acrescentar, há mesmo algo especial em vestir saia e botas, principalmente quando se está viajando. As francesas abusam dessa combinação. E em nossa pesquisa casual, descobrimos que usar saia aumenta as probabilidades de inspirar um homem a abrir portas, ajudar com malas, sorrir e, claro, cantar você.

E quanto a mim, a garota casada? Bem, voltei para casa e para o meu marido com a mala cheia de lingerie nova, receitas, uma compreensão mais profunda sobre a natureza contínua do amor e, é claro, muitas anotações, fotografias, entrevistas e gravações para *Mulheres Francesas não Dormem Sozinhas*.

As francesas fizeram mais do que apenas fornecer segredos de amor e receitas deliciosas, elas me ofereceram a chave para destrancar meu próprio passado e meu relacionamento com minha avó. E, por causa disso, serei eternamente grata.

Quem disser que os franceses não são um povo simpático simplesmente não os conhece. Eu os achei extraordinariamente simpáticos, sensíveis e generosos. Foi assim em Paris, onde Sylvie foi nossa anfitriã, depois em Borgonha, em Besançon (onde Jessica e eu ficamos com Marie-Joëlle e sua família) e depois no norte da França, em Lille e Morbecque. Fizemos "festas de garotas francesas" em restaurantes, em clubes e em residências. Fizemos perguntas para mulheres e homens na rua, em cafés e em bares. Nós nos encontrávamos com qualquer um disposto a falar conosco sobre o segredo de como as francesas encontram e preservam o amor. Tiramos fotos e gravamos nossas entrevistas com mulheres francesas de 18 a 80 anos, mulheres de todas as categorias socioeconômicas, urbanas e rurais, proletárias e com formação universitária. Também conversamos com americanas que moram na França há muitos anos e com francesas que agora moram nos Estados Unidos.

Nesses encontros, uma combinação surgiu, da qual saiu este livro.

É bem verdade que eu sabia muitas coisas sobre as mulheres francesas de uma forma intuitiva, tal como a habilidade excepcional de manter um pouco do mistério, a natureza coquete delas e o senso de discrição no que diz respeito ao amor, mas havia muitas coisas que eu não sabia até voltar à França por causa deste livro. Por meios desses encontros, foi como se eu recebesse de volta um pedaço da minha própria história, que estava dentro de mim o tempo todo, mas de alguma forma tinha se perdido. A experiência me ajudou a encontrar a parte do meu coração que é 100% francesa.

Depois de escrever este livro, acredito ser possível para qualquer mulher redescobrir seu próprio lado francês — aquela versão de si mesma que é elegante e discreta, sexy, misteriosa, intrigante, carismática e charmosa.

Tenha em mente que esta é uma versão *idealizada* da "Mulher Francesa". Obviamente, os franceses são indivíduos, e cada um é diferente. Oh, e faça o favor de levar em consideração que eu adoro as francesas. O que é apresentado aqui é uma composição, um amálgama, se você preferir, que pretende inspirar e ajudar as outras mulheres a criar suas próprias versões da "Mulher Francesa Perfeita".

E embora eu sugira que adotemos os meios das mulheres francesas no que tange ao amor, isso não quer dizer que devíamos voltar no tempo para os anos 1950 e coletivamente abrir mão das nossas carreiras, dos nossos direitos individuais, e ficar em casa. Este livro trata apenas de pegar emprestadas algumas das coisas adoráveis que funcionam para as francesas e incorporá-las em nossas vidas. Trata de pegar emprestado o que é bom, apenas o que é bom.

Considere as mulheres francesas descritas neste livro como uma metáfora para um modo de viver que pode nos ajudar a tornar nossas vidas amorosas mais emocionantes, sexies, românticas, épicas, tentadoras, poderosas e sim mais *satisfatórias*. Tire daqui o que quiser e incorpore em sua vida. Talvez você descubra que é um pouco francesa, afinal.

1

As francesas não marcam encontros

O grande primeiro encontro

Desde que você era garotinha e viu sua irmã fazendo o cabelo em preparação para o baile da escola, esperando no pé da escada que a campainha tocasse, que o par dela chegasse, você sonha com esse momento. Para você, esse primeiro encontro representa a chegada da maturidade. Você começa a vida como uma garota comum, jogando futebol, sujando os joelhos, comendo uma fatia de pizza a caminho da aula de piano e, então, um dia, você entra em seu quarto e, de repente, reaparece. E já não é mais aquela garotinha, mas sim... uma princesa! Você de repente está crescida, usando um vestido Chloé, uma bolsa Prada e, por que não, sapatos de salto Manolo Blahnik. Seu cabelo está fabuloso. Você usa gloss no tom de cereja e um traço fino de delineador preto. E o garoto dos sonhos? Bem, ele de repente está crescido também. Não é mais o garoto da casa ao lado; foi transformado em seu mágico Príncipe Encantado.

O encontro de verdade? Bem, talvez no final não tenha sido tão mágico assim. Talvez você tenha acabado indo a uma chopada e vomitado no gramado do vizinho, enquanto seu Príncipe Encantado sumiu e seu lindo vestido de festa foi destruído.

Ainda assim, apesar de tudo isso, a fantasia do encontro está sempre em você. E não importa que idade você tenha, você ainda acredita que, se esperar o tempo suficiente ou se esforçar o bastante ou participar do melhor site de encontros da internet ou for ao lugar certo frequentado por solteiros, seu par perfeito estará por aí.

Amor não é trabalho

Você arregaça as mangas, leva a sério e vai ao trabalho. Pesquisa, lê livros e vai a seminários e eventos de solteiros. Você se coloca em uma missão. Você se dá um prazo. Diz a si mesma que tem que estar casada até os 35 anos. Ou apenas que precisa arrumar um namorado antes da festa de ano-novo. Você usa a regra da probabilidade e pede a 12 amigos para cada um dar a você três nomes de solteiros interessantes. Você se prepara para agir. Não vai desistir até ter encontrado seu homem!

Como mulheres modernas, somos ambiciosas e pensamos na carreira, e muitas de nós lidam com a busca pelo amor como se fôssemos recém-formadas no mestrado e estivéssemos procurando um ótimo emprego. Usamos nossas redes de comunicação, entramos na internet e marcamos o máximo de encontros humanamente possíveis. Acreditamos que, se nos concentrarmos e trabalharmos duro por 6 meses, encontraremos o homem certo. No começo, somos muito dedicadas e otimistas. Saímos em toneladas de encontros, pedimos a todos os amigos para nos apresentarem amigos solteiros. Aceitamos todos os convites que aparecem. Nos exaurimos e, após tanto trabalho duro, frequentemente acabamos nos desapontando. Isso é porque, lá no fundo, ou talvez nem tão no fundo assim, ainda acreditamos no mito da alma gêmea. Acreditamos que há um homem único por aí e que ele é absolutamente perfeito, e que precisamos apenas caçá-lo e encontrá-lo.

Namorar: uma esgotante tarefa

Ou talvez nós absolutamente não acreditemos em alma gêmea. Talvez tenhamos ficado um tanto cínicas e achamos que todos os homens são sapos e que só por meio de nossos cuidados persistentes eles podem ser transformados em príncipes. Como mulheres modernas, sempre acreditamos que somos capazes de fazer tudo e, às vezes, vemos nossos homens como projetos. Olhamos para nosso homem com todos os seus defeitos e o colocamos num regime de automelhora. Nós o levamos para comprar um guarda-roupa melhor, o levamos para o cabeleireiro certo. Recomendamos um corte mais moderno. Talvez até um pouco de depilação? Ficamos acordadas a noite inteira no computador, trabalhando no currículo dele, porque achamos que ele deveria estar ganhando mais dinheiro, e finalmente colocamos nosso homem numa dieta para baixar seu colesterol.

E então, um belo dia, desistimos. Simplesmente paramos, porque ficamos exaustas e de saco cheio e não aguentamos mais. E nos perguntamos: para onde foi toda a magia?

Por que não podemos ser amigos (com benefícios)?

Se você tem certa idade, esse cenário pode não descrever você em absoluto. Talvez você nunca tenha tido um encontro. Talvez só tenha tido *antiencontros*. A verdade é que você é moderna demais para sair em encontros da maneira antiquada. Você é uma desconstrucionista pós-moderna e acredita não haver muitas diferenças entre homens e mulheres e garotas e garotos, e sexo é sexo, e por que não podemos todos passar um tempo juntos e nos divertir, afinal, quem sabe o que vai acontecer amanhã. O mundo pode muito bem acabar. Então vamos assistir àquele velho DVD do David Lynch, pedir pizza, comprar batata chips vegan no mercado orgânico e, claro, se der vontade, fazer um pouco de sexo. Ou muito. Ou não fazer. Não faz diferença. Somos todos amigos. Sexo é divertido. Quem sabe com quem vamos ficar, porque, afinal, ninguém *pertence* a ninguém. E assim não há motivos para sentir ciúmes. Fica tudo bem.

Há uma vantagem em "passar tempo juntos" em vez de marcar encontros: nos dá uma oportunidade de realmente *conhecer* o homem. Nós o vemos com nossos amigos. Vemos um ao outro de pijama. Compartilhamos CDs e DVDs favoritos e bebemos cerveja barata. Compartilhamos resfriados e segredos. Rimos e choramos juntos. Nos beijamos. Fazemos sexo.

Então, um dia, nosso amigo com benefícios anuncia para o grupinho, sua família substituta, que conheceu uma garota! Alguém que ele leva a sério, alguém com quem se vê passando o resto da vida! E você fica chocada e chateada, e não consegue acreditar que está ouvindo isso porque achava que, um dia, ele iria crescer e ver você como a criatura mágica, misteriosa e intrigante que você é e ia querer passar o resto da vida dele com você!

O problema é que os dois já passaram da fase da magia e mistério. Lembra que ele a viu com aquele resfriado horrível? Ele sabe daquela vez que você ficou louca perseguindo o seu ex. Ele a viu comer meio quilo de calda de chocolate. Ele sabe da nota baixa que você tirou em Química. Ele sabe como você fica depois de uma noite virada numa festa. Honestamente, o espetáculo já tinha terminado há muito tempo.

Ei, mas vocês sempre serão amigos

Eis o problema com "passar tempo juntos": depois de um tempo, fica ultrapassado. Na verdade, depois dos 23 anos, começa a ficar ultrapassado. E é por isso que acabamos crescendo e queremos mais do que ficar, e por mais antiquado que pareça, queremos encontrar nosso amor verdadeiro. Não queremos ficar pulando de um cara para outro pelos próximos 20 anos, cada um nos oferecendo uma nova perspectiva do que é um excelente sabor de pizza.

Queremos estar com um homem que possamos conhecer a fundo, com quem possamos desenvolver um relacionamento profundo e apaixonado. Alguém que nos desafie, tanto emocional quanto intelectualmente e, claro, talvez um homem com quem possamos casar e ter filhos um dia.

O yin e o yang

O problema tanto com o modelo tradicional de encontros e o *antiencontro* é que eles limitam nossas opções. No modelo tradicional de encontros, ficamos confinadas numa noite a dois e às vezes essa é a única oportunidade de mostrarmos o que temos de bom. Nos arrumamos, ficamos com a melhor aparência possível, nos dedicamos a uma conversa animada e provocativa. Mas, pense bem, o quanto alguém pode conhecer você de verdade sob a pressão artificial do encontro moderno, principalmente se você acabou de conhecer a pessoa? E depois, inerente a isso, há a pressão da intimidade, pois, vamos ser honestas, é disso que se trata o modelo tradicional de encontros. Você tem três, talvez cinco encontros para decidir se quer ir para a cama ou cair fora. Mas e se você demorar mais para decidir como se sente em relação a um homem? E se você quiser conhecer o homem de uma forma mais profunda? E se você quiser saber como são a família e os amigos dele? E se você quiser ver como ele reage sob pressão ou com que tipo de humor ele fica quando alguma coisa não acontece do jeito que ele quer? Nesse caso, você pode não ter sorte e ser levada à intimidade com um cara, forçada a parar de sair com outros homens, só para acabar descobrindo que ele é completamente errado para você. E dois meses depois, você está de volta aos encontros.

Honestamente, está na hora de sair da esteira dos encontros. É muita pressão em cima de nós! Reduz as possibilidades e destrói nosso senso de mistério. Pense nisso: quando você sai em um encontro, o homem sabe que você está disponível. Ele sabe que está sendo avaliado como potencial namorado/marido. E avalia você. Você é uma potencial esposa? Potencial namorada? Potencial parceira sexual? Talvez por isso haja tanta informação pessoal revelada nesses primeiros encontros. Ficamos com pressa de colocar todas as nossas cartas na mesa: nossas antigas fraquezas, nossos sonhos, desejos e vontades, nossos traumas de infância, assim como histórias sobre nós mesmas que nos mostram sendo engraçadas, charmosas ou originais. Tudo isso numa questão de poucas horas com alguém que acabamos de conhecer!

O antiencontro certamente não é a solução. Se passamos algum tempo juntos como se fôssemos quase irmãos, de pijama, perdemos nosso mistério. Se dormimos com um homem de nosso grupo de amizade, o sexo provavelmente dá uma sensação um tanto incestuosa. E o cenário como um todo — ficar na casa, no apartamento ou no quarto um do outro — ganha a nuance de "pré-relacionamento". Isso é algo que fazemos para vivenciar a vida de adulto num ambiente seguro e sem compromisso. Mesmo se for o que você quer por enquanto, você provavelmente destruiu qualquer possibilidade de que o homem/rapaz desse grupo venha a ser um potencial amor verdadeiro/relacionamento estável. A razão disso é que um pré-relacionamento não passa de um pré-relacionamento. Certamente não nos ajuda a começar com o pé direito. E o motivo é que não há *arte* nesse tipo de relacionamento. E é sobre isso que as francesas sabem uma coisa ou duas.

E como faz a mulher francesa?

A mulher francesa desenvolve um grupo de amigos chegados, mas não se comporta como as mulheres adeptas do antiencontro nem fica no quarto dele de moletom, comendo pizza e assistindo a *anime* japonês o dia todo. Ela sabe que isso não acrescenta nada à sedução e ao mistério dela. As francesas que foram para os Estados Unidos não entendem o sistema de encontros de lá. "*Que porcaria de tipo de encontro é essa, parece uma entrevista!*" Isso foi dito por uma francesa que morou nos Estados Unidos por muitos anos e teve que suportar o estilo americano de encontros. Outra francesa disse: "*Por que perder seu tempo com encontros chatos com ele!!!!*"

A arte do jantar

Enquanto a maioria das mulheres fica acordada até tarde nas noites de quarta-feira se preocupando se terão um encontro no sábado, nossas irmãs francesas estão ao telefone planejando o jantar de sexta-feira e decidindo se devem servir *coq au vin* (frango ao molho de vinho) ou *magret de canard* (peito de pato).

Un petit subterfuge

O jantar é o "disfarce" perfeito para uma mulher que quer conhecer um homem melhor antes de se envolver amorosamente. Ela pode mostrar seu intelecto, sua grande habilidade na cozinha, seu dom para entreter e manter uma conversa animada. Ou ela pode simplesmente vestir uma bela roupa, sorrir misteriosamente e ser admirada. O que também não é nada mau.

Em geral, o planejamento do jantar francês começa com uma conversa. Talvez Marie-Joëlle se encontre em um café com sua irmã Sylvie. Ela conhece um homem de Lyon que está visitando Paris. Ele é professor universitário, recém-divorciado e muito charmoso. Não seria maravilhoso convidá-lo para a noite de sexta-feira? (As francesas costumam receber para o jantar na sexta ou no sábado.) E não seria maravilhoso se ele se tornasse um novo membro do grupinho dela? Marie-Joëlle e Sylvie conversam sobre os detalhes enquanto almoçam no café. E é verdade, o almoço delas pode durar até duas horas! No caminho de volta ao escritório, elas andam pelas ruas de paralelepípedos na ponta dos pés calçados em sapatos de saltos, passam pela *pâtisserie* (confeitaria) local e decidem comprar uma maravilhosa *tarte aux pommes* (torta de maçã) para o jantar que está sendo marcado. O marido de Marie-Joëlle, Jean-François, liga para dizer que gostaria de convidar um colega. *Bien sûr*, quanto mais gente, melhor.

O jantar inclui o misterioso convidado de Lyon, assim como uma variedade de amigos e colegas.

Todo mundo vai ao jantar com um a ideia de "apresentação". Não, as francesas não se arrumam só porque querem se mostrar ou provar que estão por dentro da última moda. As francesas montam seu visual com cuidado como uma forma de delicadeza. Para os franceses, usar alguma coisa agradável aos olhos significa que valorizam os amigos, a família e os novos conhecidos a ponto de fazer uma exibição. E não é verdade que, quando nos esforçamos para sermos interessantes, alegres e atraentes, tornamos o mundo um lugar mais agradável? Um lugar mais intrigante. Um lugar mais prazeroso.

No mundo moderno, o dinheiro é tudo, mas não é bem assim na França. A *beleza* é tudo. E isso pode ser visto do design do metrô às estátuas no *Jardin des Plantes*. A França é uma cultura visual e um país que adora o feminino. Deusas e heroínas voluptuosas podem ser vistas margeando o caminho até o Louvre. Até nos selos deles, mulheres bonitas podem ser vistas!

O Jantar improvisado

Nem todos os jantares são formais ou planejados com semanas ou dias de antecedência. É comum que a francesa decida na sexta à tarde que vai fazer uma reunião de amigos naquela noite, e aí ela simplesmente liga para os amigos (sempre misturados, homens e mulheres) e pede que tragam um prato favorito ou uma garrafa de vinho. Às vezes, tudo é feito na base de alguns convites por e-mail e, então, a francesa faz uma salada ou uma massa e compra alguma sobremesa na padaria perto de casa. As festinhas improvisadas podem ser até mais divertidas e deliciosas porque não há pressão sobre ninguém e a atmosfera é leve e extravagante.

Além da festinha improvisada, as francesas simplesmente aparecem nas casas umas das outras sem ligar para avisar! Eu sei, isso parece chocante e até um pouco incômodo para muita gente. Na França, principalmente no interior, esse tipo de visita inesperada não é nada incomum e geralmente leva a um chá da tarde ou a um convite para ficar e jantar. Não, não estamos falando de um jantar extravagante, só uma refeição simples e improvisada que é calorosa, receptiva e divertida.

E no começo... há champanhe

Em jantares mais formais e planejados, a francesa começa com champanhe. Na verdade, muitos franceses servem apenas champanhe durante a primeira hora. Às vezes eles não servem qualquer tipo de *hors d'oeuvres*. Com certeza não vai haver uma travessa enorme de queijos e cream cracker.

Nancy, uma americana que mora em Paris, costuma receber amigos em casa. Ela é uma mulher muito ocupada. É casada, tem dois filhos e uma vida profissional agitada. Ela recebe os colegas de trabalho e os parceiros de negócios do marido para jantar na casa deles com frequência. Ela nos conta que o sucesso está nos detalhes:

> Flores: precisam ser chiques, nada exageradas. Nada de *hors d'oeuvres*... são de mau gosto. A ideia não é encher os convidados de comida antes da refeição. De entrada, sopa. Elegante. Feita em casa. O sucesso está na apresentação. Pode ser preparada antes, é fácil e barata.
>
> De prato principal, alguma espécie de ensopado elegante, que possa ser preparado antes. O mesmo vale para o arroz.
>
> De sobremesa, *fondants* individuais de chocolate. São muuuuito fáceis e baratos, e sempre fazem muito sucesso. Decore com framboesas frescas e um *sorbet* de framboesa de qualidade. Polvilhe um pouco de açúcar de confeiteiro em cima do *fondant*. (Receitas no próximo capítulo.)
>
> Café e mais champanhe ou licores na sala de estar, não na mesa de jantar.
>
> O segredo está no ritmo [...] o máximo deve ser feito antecipadamente, para que os convidados não fiquem esperando. Arrume a mesa na noite anterior, por exemplo. É necessário planejar onde cada um vai sentar. NÃO deixe que casais sentem perto ou ao lado um do outro. Para animar mesmo as coisas, depois do prato principal, faça com que todos os homens peguem seus copos e se desloquem dois lugares. Isso acrescenta uma

> nova vida/oxigênio ao jantar. É muito importante que o anfitrião e a anfitriã deixem os convidados à vontade [...] a conversa deve ser direcionada aos convidados.
>
> Cônjuges/candidatos em potencial ficam MUITO impressionados com uma boa anfitriã. Ela tem que fazer tudo parecer perfeito e divertido. Homens adoram mulheres que sabem receber; isso causa uma boa impressão neles. Mais uma vez, o mais importante é a elegância.

Você não adorou essa combinação de elegância francesa com a iniciativa americana? E as ideias dela são ótimas. Quando você receber para um jantar, muitas coisas podem ser preparadas previamente e não precisam ser caras. Portanto, enquanto a sopa pode ser uma velha receita de família que não envolve muito trabalho nem muito dinheiro, ela é servida no jogo de louças da família com o faqueiro chique e os guardanapos de linho comprados no mercado de pulgas do bairro. A mulher francesa não guarda a louça boa e a reserva só para ocasiões especiais. Para ela, todo dia é festivo, todo dia é uma oportunidade de usufruir dos prazeres da boa comida, amizade, boa companhia e conversa animada.

E é sexy

O segredo para tornar seu jantar animado e sexy é ajustar o ritmo das coisas. Tente fazer o máximo que puder dos preparativos antes de os convidados chegarem. Delegue o máximo de responsabilidades que puder. É comum os jantares franceses serem uma versão do que chamamos de "festa americana". Os amigos trazem seus pratos especiais e se exibem uns para os outros. Isso acrescenta uma sensação de deliciosa competição e uma oportunidade adicional de mostrar seus talentos culinários.

Como anfitriã, é sempre bom estar bem preparada para que a noite corra tranquilamente. As francesas arrumam a mesa na noite anterior e, como Nancy sugeriu, criam alguma espécie de arranjo nos lugares na mesa. Isso não precisa envolver cartões com os nomes de quem deve se sentar onde. Apenas tenha uma ideia de quem você gostaria que se sentasse ao lado de quem e guie seus convidados para o lugar certo. Desse jeito você pode evitar que todas as mulheres fiquem numa ponta da mesa e todos os homens na outra. A mulher francesa cuida para que isso não aconteça, porque, afinal de contas, ela quer ter certeza de que haverá uma oportunidade para que aquele convidado bonitão de Lyon conheça sua prima Madeleine, *oui*?

Depois de todos sentados, ela começa com uma deliciosa entrada, como *foie gras* sobre uma torrada com uma fina camada de mel líquido. Ou talvez ela sirva ostras com uma taça de *Sancerre* (vinho branco) gelado. Se for inverno, sopa de batata e alho-poró, feita em casa, é claro. O prato principal pode ser um ensopado, que também pode ser preparado adiantado. Ou talvez até *lapin à la moutarde maison* (não fiquem chocados: coelho com mostarda e creme de leite). Tudo isso acompanhado do vinho perfeito. Por fim, a sobremesa pode ser alguma coisa como o *fondant au chocolat* (torta mousse de chocolate) individual da Nancy, servido com framboesas, *sorbet* de framboesa e uma leve polvilhada de açúcar de confeiteiro. Ah, sim, as francesas comem sobremesa. Elas realmente se permitem o que querem num jantar. No entanto, a mulher francesa costuma comer pequenas porções, e talvez seja mais cuidadosa nos dias anteriores e posteriores à festa. Mas ela não vai se negar essa oportunidade de ter prazer!

Basicamente, o que se precisa ter em mente é que a festa é *sensuelle*, que usa todos os cinco sentidos: paladar, tato, audição, visão e olfato. Haverá aromas e gostos de comidas deliciosas, é claro, mas haverá música, velas, flores frescas, o sutil toque de joelhos por debaixo da mesa e certa casualidade elegante que convida à conversa e à discussão animada. Os franceses trazem sensualidade, assim como astúcia e uma atenção aos detalhes, principalmente no que diz respeito aos prazeres da comida e da conversa, de debater e discutir os eventos do dia.

Não gira em torno de você

Sim, e apesar de você talvez cultivar o sonho de capturar o coração de um de seus convidados ou de um dos homens que fazem parte do seu grupo, o jantar não gira em torno de você. Gira em torno dos seus convidados, e é absolutamente *de rigueur* que você cuide muito bem deles e os faça se sentirem à vontade. As francesas sabem que uma discussão animada sobre um assunto com o qual ela e os amigos estão envolvidos a coloca numa situação favorável. Ela está lá para os fazer sentir queridos, confortáveis e muito estimulados. Os convidados dela devem brilhar. Ela faz tudo parecer bem fácil e até mesmo divertido. E alegre.

Por exemplo, ela não fica consternada pela pequena controvérsia despertada quando Pierre-Olivier declara que o Côtes du Rhône está um pouco passado. E então os convidados bebem o Côtes du Rhône e declaram que Pierre-Olivier está enganado. Mais tarde, pode haver um pequeno incidente no qual Pierre-Olivier, se sentindo um pouco embriagado, toca na mão de Sylvie por cima da mesa e, por uma fração de segundo, um olhar apaixonado é trocado. Mas ele desaparece por um tempo, misteriosamente, quando nossa anfitriã traz o próximo prato.

Trabalheira? Que nada!

Tudo isso é um terrível sacrifício para a mulher francesa? *Non!* Nem um pouco. A mulher francesa sabe que um homem se sente atraído por uma mulher que é uma anfitriã bem-sucedida, que sabe cozinhar e sabe receber de maneira elegante e faz seus convidados se sentirem ótimos. Os homens amam uma mulher que consegue fazer isso, não importando se ela prepara tudo ela mesma ou se faz um ótimo prato e complementa com comidinhas compradas prontas. Mais uma vez, é a apresentação que importa. O jantar é uma oportunidade perfeita para exibir suas habilidades e para impressionar.

Depois que a anfitriã francesa serve sua famosa sobremesa de *fondant* de chocolate com framboesas frescas e *sorbet*, ela guia os convidados até a sala de estar. Lá há café e mais champanhe e licores. Nesse ponto, a conversa está mais calorosa, sexy e divertida. Enquanto os franceses não falam muito sobre trabalho, dinheiro ou negócios, política é um dos assuntos favoritos, então, um novo debate se segue. Acaba sendo descoberto que o homem misterioso de Lyon votou no presidente Nicolas Sarkozy! "*Como você pôde?*", pergunta o marido de Marie-Joëlle, Jean-François. E, assim, o calor da discussão chega a ponto de ebulição.

As opiniões correm soltas, mas é tudo deliciosamente apaixonado e ninguém leva essas discordâncias para o lado pessoal. É tudo uma questão de exercitar os sentidos e a mente de cada um, de lógica e habilidade de debater com bom-senso. E, assim, o misterioso homem de Lyon não é tão misterioso afinal e, na verdade, até o final da noite, ele encontra uma oportunidade para expressar para Sylvie que ele a acha muito atraente e gostaria de fazer uma caminhada pelo *Tuilleries* no dia seguinte. Ah, sim, essa é a alternativa para o encontro tradicional.

Faça a caminhada

Sim, os franceses não marcam encontros. Eles se encontram em grupos. Oferecem jantares. E se eles se encontram a dois, é para fazer uma caminhada. Uma caminhada não só é um ótimo exercício e é visualmente estimulante, mas também ajuda a amenizar o aspecto "entrevista" de um encontro formal. Ninguém gasta dinheiro, não há limite de tempo e não há expectativa de que a outra pessoa vá fazer alguma coisa em troca. Além disso, é o modo perfeito para uma mulher manter um homem especulando, para manter suas intenções só para si e continuar sendo um mistério.

Com a caminhada, a francesa é parte de um cenário maior. Esse é um dos segredos da autoconfiança dela. O homem não a encurralou sozinha em um restaurante escuro quando, por duas horas e meia, ela parece ser só dele. Em vez disso, ele a vê no mundo, vestindo alguma coisa maravilhosa. E vê que ela está sendo vista por outros homens. Ele é testemunha do poder dela. Sabe que há concorrência. Uma caminhada é um meio maravilhoso de conhecer alguém sem sentir que há um limite de tempo. Com uma caminhada, ou às vezes uma volta de bicicleta, você pode até fingir que não há interesse romântico algum, apenas amizade. Aí você pode deixar essa amizade florescer no meio de outras caminhadas, até que esteja pronta para transformá-la em outra coisa.

Números são trocados

Até o final de um jantar comum, em um momento tranquilo, um homem pode pedir o número de telefone de uma mulher. Por outro lado, ele não precisa fazer isso, porque sabe que pode pedir o número para a anfitriã. Que maneira civilizada de obter a informação! Compare isso a um número rabiscado em um guardanapo úmido em um bar escuro. Ao longo do jantar, nossa francesa teve a oportunidade de observar esse homem em um grupo: como ele se apresenta, fala, ri, interage com outros homens, flerta, segura o vinho, discute política. E agora, quando ele liga para ela, ela sabe muito mais sobre ele do que ele poderia contar em um encontro ou em seu perfil na internet.

A alegria de cozinhar

A verdadeira razão para as mulheres francesas abraçarem a cultura de receber em casa provavelmente evoluiu de um desejo de encontrar um homem que foi pré-avaliado e que pode ser um companheiro adequado. Como mulheres modernas, podemos hesitar quanto a isso. Podemos achar que a ideia de que precisamos encontrar um homem com boas credenciais é um pouco perturbadora, mas, se formos honestas, vamos admitir que temos nossos métodos de afastar homens inadequados. Vamos a reuniões de faculdade na esperança de reencontrar com o cara que era brilhante em física. Afinal, ele é da nossa idade e compartilhamos algumas experiências de vida. Ou passamos a frequentar um grupo de montanhismo, na esperança de encontrar um homem do tipo aventureiro. Vamos a eventos de solteiros no templo ou na igreja na esperança de conhecer um homem que compartilhe da nossa fé.

Como podemos adotar os métodos da mulher francesa e fazê-los funcionar para nós? Podemos não ter o tempo ou os recursos financeiros para oferecer inúmeros jantares. Podemos nem ter um grande grupo de amigos com o qual podemos contar. Somos ocupadas. Trabalhamos duro. E frequentemente nos afastamos de nossos amigos e família. Mas é possível. Comece aos poucos. Convide alguns amigos. Peça que cada um traga um prato. Você só estará sendo a anfitriã de um jantar e criando a oportunidade de flertar em um ambiente seguro e confortável, sua própria casa. Esses jantares acontecem todas as noites de sexta e sábado na França! E não há motivo para que as mulheres de outros países não possam compartilhar dessa diversão. Na próxima sexta à noite, organize um jantar. Se você gostar, cozinhe um prato e peça a seus amigos para trazerem seus pratos favoritos. Procure convidar ao menos um novo homem. Convide alguns que você já conhece e se reaproxime deles. Pratique suas habilidades de conversa. Exiba aquele vestido novo. Para começar, tudo de que você precisa é um pouco de *subterfuge*. Uma intenção. Não, esse jantar não é para caçar seu homem ideal, conhecê-lo em duas semanas e depois exigir um compromisso. Em vez disso, esse jantar é para deixar a vida fluir e para você se divertir. É para ter prazer. Fazer amizades. Flertar. Inflar seu ego com a atenção de um ou dois ou três admiradores. Esse jantar é o primeiro passo em sua estrada da confiança: confiança em ser atraente, desejada e admirada.

Na verdade, o amor é uma coisa que acontece enquanto você está levando a vida, recebendo convidados e rindo, ou andando de volta para o trabalho depois de um longo almoço com sua irmã. O amor é uma coisa que desabrocha enquanto você está no mercado comprando um pedaço de *comté* (queijo) para a noite. O amor é uma coisa que você descobre quando olha para o outro lado da mesa nos olhos do seu marido enquanto ele fala com orgulho sobre jornalismo para o antigo colega de escola dele. O amor é ver sua melhor amiga fazer contato visual com o cavalheiro bonito do seu escritório, que você convidou de última hora. E o amor tece sua trama ao redor de você lentamente, mesmo nessa festa, quando você diz adeus e fecha a porta. Você pode sentir como se não tivesse conseguido nada no que se refere a encontrar o homem dos seus sonhos. Mas o amor não se trata de fechar negócios, nem de conseguir um número de telefone, nem mesmo de ser convidada para um encontro. E, a verdade seja dita, você conseguiu muito mais do que isso. Cuidou de suas amizades, encorajou novos relacionamentos, alimentou e nutriu seus amigos e família. Deu a eles uma experiência inesquecivelmente agradável. Ajudou amizades e famílias a aflorarem. E sim, talvez você tenha até plantado as sementes de um novo amor.

Lições de Francês

Na próxima vez em que um homem convidar você para sair, faça a contraproposta de um jantar com um grupo de seus amigos. Certifique-se de convidar pelo menos um conhecido, além de uma mistura interessante de outras pessoas. Seja ousada e criativa em seus convites. Não chame apenas o velho grupo de sempre. Agora seu "candidato" pode vê-la no contexto de amigos, família e comunidade. Talvez até descubra que você é uma excelente pianista! É assim que você pode "mostrar" o quanto é maravilhosa no contexto de seu ambiente natural, em vez de "contar" a ele durante a limitação artificial de um jantar de duas horas em algum restaurante. E quando ele chamar você para sair de novo (e ele vai), seja misteriosa e sugira que saiam para uma caminhada à tarde!

2

O prazer de cozinhar

As mais maravilhosas refeições, sejam elas feitas para grandes jantares ou desjejuns íntimos para amantes, começam com uma lista de compras.

A lista de compras de um francês

A lista a seguir é de Jan, um francês que mora em Boston. Ele fez um jantar especial para a namorada e os pais dela, que ele estava conhecendo naquela ocasião. Que maneira maravilhosa de se apresentar à família dela, com o presente de uma boa refeição.

Lista de Compras de Jan

Entrée (entrada):
soupe de potiron (sopa de abóbora)
crème (creme de leite)

fromages (queijos)
oignons (cebolas)

Plat (prato principal):
magrets de canard (peitos de pato)
pommes de terre (batatas)
ail (alho)
champignons (cogumelos)
oranges (laranjas)
miel (mel)
poitrine fumée (bacon)

Fromages (queijos):
brie de Meaux

Pão:
ciabatta

Dessert (sobremesa):
tarte aux citron (torta de limão)
citrons (limões)
oeufs (ovos)
crème (creme de leite)
farine (farinha)
sucre (roux) (açúcar mascavo)
beurre (manteiga)

Como um francês seduz

Obviamente, não é só a *mulher* francesa que ama cozinhar e impressionar os amigos, família e amantes com deliciosas refeições. Sim, os homens sabem que o segredo para cativar a imaginação de uma mulher é usando todos os cinco sentidos: o tato, o olfato, a visão, a audição e, principalmente, o paladar.

É isso que Nelson, um francês, tem a dizer sobre a ligação entre fazer amor e comida:

> É verdade que os franceses amam unir a sedução e a *cuisine* (culinária). Herdamos isso dos romanos. Não é assim em todo lugar? Não se abre uma garrafa de vinho antes de fazer amor?
>
> Eis um ponto de vista masculino sobre o cardápio ideal de jantar.

Aperitivo: ostras com uma taça de *Sancerre* (um vinho branco)

Entrée: *magret de canard* (Não se deve servir algo pesado, como um quilo de picanha)

Receita

170 ml de creme de leite light
Sal
Pimenta (moída na hora)
1 lata de foie gras
2 peitos de pato (de tamanho médio)
250 a 400g de ravióli de queijo

Coloque o creme de leite em uma panela e aqueça em fogo baixo, com uma pitada de sal e pimenta. Corte metade do foie gras em cubos e acrescente ao creme, mexendo. Misture por 2 a 3 minutos e abaixe o fogo lentamente. Reserve a mistura. Guarde a outra metade do foie gras para depois. Faça pequenos cortes no peito de pato (o lado com a pele) e coloque em uma frigideira, com a pele para baixo. Deixe dourar por 5 a 6 minutos de cada lado. Enquanto isso, ferva água com sal e cozinhe o ravióli.

- Coloque o pato em uma travessa grande, com o ravióli num dos lados, e cubra com o molho de foie gras. Coloque uma fatia do foie gras que você reservou em cima de cada peito de pato.

Para acompanhar, uma boa garrafa de vinho (Château Chasse-Spleen, por exemplo), é absolutamente necessária. É meu vinho favorito porque tem um leve toque de chocolate; e é assim que Baudelaire e Lord Byron chamavam o vinho.

Sobremesa: Um *fondant au chocolat,* peras Belle-Hélène (ao vinho) ou, talvez, uma porção de pequenos *macarons.*

Um gole de champanhe e para a cama!

Muito sexy, você não acha?

L'art de l'entrée (a arte do prato principal)

Apesar de talvez chocar muitas leitoras, eu queria muito incluir uma receita de coelho. Não me entenda mal, eu adoro coelhos e até já tive alguns como animas de estimação. Mas tenho várias boas lembranças de meu avô chegando em casa, depois de uma caçada nos bosques de Connecticut, com um coelho selvagem fresco. Minha avó fazia um maravilhoso ensopado de coelho, usando legumes e verduras da horta. A cozinha ficava cheia do aroma e o gosto era único. E sim, os franceses amam comer coelho! Então, aqui está a receita de coelho de Sandrine Soulet. Ela é de Besançon, mas agora mora em San Rafael, Califórnia, com o marido, que é dono do popular Aroma Café. Ela também nos contou uma história engraçada sobre um amigo francês nos Estados Unidos.

* * *

Um francês que tinha acabado de chegar aos Estados Unidos queria cozinhar coelho para o chefe; ele não conseguia encontrar um à venda no mercado, então decidiu ir a um pet shop. Ele pediu um coelho e a atendente perguntou: de que tipo? Ele disse, não importa, desde que seja grande o bastante para quatro pessoas.

Lapin à la Moutarde Maison

(Coelho com Mostarda)

Preparação: 30 minutos

Tempo de cozimento: 1 hora

Ingredientes:
1 coelho
Um pouco de mostarda Dijon
Azeite ou manteiga
2 dentes de alho

1 garrafa de vinho branco seco
3 folhas de louro
1 ramo de tomilho
1 colher de chá de açúcar
1 cenoura
5 echalotes
Sal e pimenta
170 ml de *crème fraîche* (creme de leite fresco)
Salsinha

Corte o coelho em pedaços e esfregue de leve com a mostarda. Doure os pedaços em uma frigideira grande com azeite, mas sem deixar queimar.

Enquanto isso, pique o alho e misture com ¾ da garrafa de vinho branco seco, as folhas de louro, o tomilho, o açúcar e a cenoura (cortada em fatias). Coloque em uma panela e ferva.

Reserve os pedaços dourados de coelho e mantenha-os aquecidos em um prato coberto. Acrescente um pouco de azeite à frigideira usada para dourar o coelho e doure os echalotes cortados em rodelas. Acrescente o coelho e coloque a mistura de vinho quente. Tempere com sal e pimenta a gosto e deixe cozinhar em fogo baixo por uma hora.

Em uma tigela, misture o creme de leite fresco, a salsinha picada e uma colher de chá de mostarda.

Quando prontos, coloque os pedaços de coelho em um prato e polvilhe com salsinha.

Filtre o líquido (opcional) e incorpore o creme de leite ao molho de mostarda. Cozinhe um minuto sem ferver e cubra o coelho com o molho.

Um prato simples para fazer seu homem feliz

Se você é mais adepta de algo menos desafiador do que coelho, talvez prefira tentar a receita de Sandrine para frango ao vinho. Ela nos disse que é "um prato clássico que normalmente deixa meu marido feliz".

Coq au Vin

Preparação: 30 minutos + 12 horas marinando

Tempo de cozimento: 2 horas e 45 minutos

Ingredientes:
1 frango de aproximadamente 3 quilos cortado em pedaços
1 cebola fatiada
2 cenouras fatiadas
1 garrafa de vinho tinto
1 buquê de ervas
2 colheres de sopa de óleo
1 colher de sopa de farinha de trigo
2 dentes de alho
1 cálice de conhaque
2 colheres de sopa de caldo com ½ xícara de água
Sal, pimenta e noz-moscada
½ xícara de bacon picado
1 ¼ xícara de cogumelos
Alguns ramos de salsinha
Pimenta-do-reino em grãos

No dia anterior, coloque os pedaços de frango em uma saladeira com as cebolas e as cenouras fatiadas. Jogue o vinho tinto por cima. Acrescente o buquê de ervas e alguns grãos de pimenta-do-reino. Cubra. Deixe marinar por 12 horas na geladeira.

No dia de cozinhar, tire os pedaços de frango da marinada e seque-os com papel-toalha. Filtre a marinada. Seque os legumes.

Aqueça óleo em uma caçarola. Doure os pedaços de frango de todos os lados. Tire o frango e coloque os legumes. Doure-os por 3 a 5 minutos. Polvilhe farinha. Mexa bem.

Coloque os pedaços de frango dentro da caçarola de novo e acrescente os dentes de alho amassados. Flambe com o conhaque.

Coloque a marinada de vinho com o caldo dissolvido na água. Acrescente sal, pimenta e noz-moscada. Quando ferver, cubra. Deixe cozinhar por 2 horas em fogo baixo.

Quinze minutos antes de servir, em uma frigideira antiaderente, doure os pedaços de bacon e os cogumelos fatiados. Acrescente à caçarola. Tempere e polvilhe com salsinha.

Sirva quente. Esse receita serve oito pessoas.

Comemorações de verão

Esta receita nos foi dada por Carol Merriman, que passa todos os verões em Ardeche, no sul da França. Essa bebida lembra sangria, mas é feita com vinho branco. Os franceses a servem em festas para comemorar a *fête* de verão, *les Feux de la Saint-Jean*. É um festival que comemora o solstício de verão no dia 21 de junho. Como parte do rito pagão de fertilidade, todos os homens casadoiros de um vilarejo pulam sobre uma fogueira. Dizem que quem conseguir pular irá se casar em um ano. Hoje em dia, as jovens casadoiras também pulam. Elas fazem isso até que o fogo morra e depois as crianças pulam sobre a fogueira. É uma comemoração animada e divertida, e às vezes um DJ toca música para que todos dancem depois.

Marquisette

2 litros de vinho branco (geralmente espumante)
¼ de garrafa de rum
Meio litro de água com gás
2 limões cortados em fatias
2 laranjas cortadas em fatias
2 maçãs picadas
1 xícara de açúcar

A amiga francesa de Carol Merriman, Béatrice, mora em Toulouse. Ela perdeu o primeiro marido aos 36 anos e criou os dois filhos (agora adolescentes) sozinha. Há alguns anos, ela visitou um amigo de infância que não via há quase 40 anos. Rolou um clima e eles começaram um namoro que dura até os dias de hoje. Béatrice e o namorado têm um relacionamento a distância, mas sempre que ele a visita, ela cozinha alguma coisa maravilhosa. Ela nos presenteou com a seguinte receita:

Morangos com Pimenta de Szechuan e Manjericão

Lave, escorra e tire os cabinhos dos morangos. Fatie ou corte os morangos em quatro. Polvilhe com pimenta de Szechuan (uns cinco giros do moedor de pimenta) e 5 colheres de sopa de açúcar. Acrescente 7 ou 8 folhas de manjericão picadas.

Sirva imediatamente ou resfrie por 3 horas na geladeira (não se esqueça de cobrir a travessa com plástico).

Jantar de aniversário

Myriam Aouadi é uma cozinheira fabulosa e é um privilégio reproduzir o cardápio que ela serviu no jantar de aniversário do namorado. Ela nasceu em uma pequena cidade na região da Provence chamada Fréjus, e se mudou para Nice na época da faculdade, onde fez seu doutorado. Foi nessa época que começou a cozinhar para os amigos e namorados. Ela agora mora em Cambridge, Massachusetts.

Quando perguntamos a ela como começou a cozinhar, isto foi o que ela nos contou:

> Na verdade, não sei como aprendi a cozinhar, mas minha mãe cozinha muito bem e eu sempre ficava por perto dela quando era pequena, tentando imitar. Ela usava muitos temperos variados, que preparava e misturava em casa. Todas as cores, fragrâncias e a textura quando ela me mostrava como fazer pão... ela é muito melhor do que eu! Acho que também é um prazer cozinhar quando você faz suas compras, principalmente se você tem acesso a feiras e pequenas lojas. Por exemplo, quando eu estava na França, gostava de ir à Itália às vezes (a 15 minutos de Nice de carro) para comprar *bresaola* (uma espécie de carne-seca).
>
> Quanto a comida e amor, acho que cozinhar para alguém de quem você gosta mostra o quanto você

aprecia essa pessoa e quer agradá-la. Ninguém consegue ficar indiferente a isso... Mas também gosto de explicar o que cozinhei durante a refeição, e essa é a parte sensual. Ou seja, falo sobre como escolho os ingredientes, como os cozinhei e por quê. Quando vemos alguém tendo prazer em comer alguma coisa que nós cozinhamos, isso também nos dá prazer. A apresentação também é importante. Então primeiro temos o prazer do aroma, depois o prazer dos olhos e, finalmente, o sabor. Um pequeno carinho na mão quando você descreve sua receita, e todos os sentidos serão despertados! Outra coisa que gosto muito de fazer é cozinhar juntos.

Por que preparei esse cardápio?

Primeiro, depende da pessoa. Por exemplo, meu namorado é francês, então sei que posso usar foie gras. Ele está nos Estados Unidos há alguns meses, então achei que seria legal usar alguns ingredientes franceses e preparar um maravilhoso jantar, para que ele se sentisse em casa. Quis usar a mistura de salgado e doce e crocante e macio, pelas sensações, mas também porque ele me disse que gosta de ser surpreendido; e o chocolate, porque ele me disse que gosta e porque é afrodisíaco e sensual.

Na verdade, tento não pensar sobre que tipo de cardápio eu quero. Penso em uma coisa, o aperitivo ou então a entrada e, a partir daí, saio para fazer compras. Começo a cozinhar e sigo meus sentimentos, pensando sobre como será o jantar.

É verdade que o caminho para o coração de um homem começa no estômago.

E, agora, o cardápio do jantar de Myriam.

Aperitivo: Foie gras sur lit de miel (*foie gras* sobre torrada com mel)

Receita

Pão integral fatiado

Mel

Foie gras

Sal e pimenta moída

Preaqueça o forno a 180°C. Alinhe cada fatia de pão com uma camada de mel e acrescente uma fatia de foie gras. Asse por 5 a 10 minutos, até que o foie gras derreta e o pão fique crocante. Tempere com sal e pimenta moída.

Entrée: Carne com cebola caramelizada servida com manga e berinjela salteadas

Receita

1 cebola grande

1 colher de chá de óleo de canola ou de girassol

2 colheres de chá de açúcar

Filé de carne (250 a 300 g)

1 manga

1 berinjela

3 colheres de chá de azeite

3 colheres de chá de avelãs ou amêndoas moídas

Sal e pimenta

Fatie as cebolas em anéis de meio centímetro de largura. Aqueça o óleo de girassol (ou de canola). Acrescente as cebolas e cozinhe lentamente em fogo médio, mexendo com frequência (15 a 20 minutos). Acrescente o açúcar e cozinhe até que as cebolas fiquem com cor de caramelo (10 minutos).

Corte a carne em pedaços pequenos e cozinhe (sem óleo) do modo que você gostar. Acrescente as cebolas caramelizadas e cozinhe por 2 a 3 minutos.

Corte a manga e a berinjela em pedaços pequenos. Aqueça o azeite e cozinhe a berinjela em fogo médio por 15 minutos. Acrescente a manga e cozinhe lentamente em fogo médio por 20 minutos. Mexa com frequência mas também com cuidado para evitar que os pedaços desmanchem. Acrescente as avelãs ou amêndoas moídas, o sal e a pimenta moída. Cozinhe por mais 2 minutos.

Dessert: torta ganache de banana e chocolate com chantili

Receita
220g de manteiga sem sal à temperatura ambiente
¾ xícara de açúcar de confeiteiro
2 colheres de chá de essência de baunilha
2 xícaras de farinha de trigo
1 colher de chá de sal
1 banana
250g de chocolate amargo
140g de creme de leite
100g de creme de leite fresco
2 colheres de chá de açúcar de confeiteiro

Aqueça o forno a 180°C.

A MASSA: Bata a manteiga e o açúcar até que a mistura fique clara e macia e acrescente a baunilha. Junte a farinha e o sal e misture até que esteja homogêneo e esfarelando (não misture demais). Amasse a massa até formar um disco e enrole em plástico. Deixe na geladeira por pelo menos 1 hora. Desembrulhe e estique a massa com o rolo, e coloque a base da torta em uma forma. Faça buracos usando um garfo.

O GANACHE: Derreta o chocolate amargo ou meio-amargo com 2 colheres de chá de água, acrescente 140g de creme de leite e cozinhe por 5 minutos em fogo médio, sempre mexendo.

A TORTA: Cubra a massa com uma camada de bananas fatiadas e uma camada de ganache de chocolate. Asse no forno por 20 minutos. Deixe esfriar por no mínimo 2 horas e coloque na geladeira.

O CHANTILI: Para fazer o chantili, tudo tem que estar frio: coloque a tigela e os batedores de uma batedeira no freezer e os retire na hora de usar. Misture em alta velocidade o creme e o açúcar.

Sirva a torta com um pouco de chantili acompanhando, ou acrescente um morango para o prazer dos olhos!

Bebidas: Com a entrada, você pode servir vinho tinto (recomendo Châteauneuf du Pape) e, é claro, champanhe com a sobremesa!

Para o *joi de vivre* do cotidiano

Mesmo que você não goste muito de cozinhar e seja meio desajeitada na cozinha, há maneiras simples de preparar refeições encantadoras. Procure comidas frescas em vez de congeladas, enlatadas ou industrializadas. Escolha frutas, verduras e legumes da estação. E, ao contrário do mito do Homem de Carne e Batata, os homens adoram legumes e verduras. Eis o que Julie Salaber, de Paris, diz:

> Adoro cozinhar legumes e verduras, em qualquer estação. Os homens costumam não saber como legumes e verduras podem ser bons quando bem preparados!
>
> Mas não sigo nenhuma receita em especial.
>
> Durante o verão, faço muitas saladas misturadas, com muitas cores: massa, tomate, pepino, alface, milho, presunto e muçarela. Corto todos os ingredientes em pedaços pequenos e acrescento um pouco de maionese no molho!
>
> Durante o inverno, cozinho sopas de legumes com batata, cenoura, cebola, alho-poró e um cubo de caldo de carne. Coloco tudo na água fervente e cozinho em fogo baixo. Como você pode notar, não posso dar uma receita porque cozinho seguindo meu humor e o que tiver na geladeira!

Uma sobremesa para comer rezando

A receita de musse de chocolate a seguir me foi dada por Stéphanie Desprat, uma francesa do sudoeste, apesar de ter passado a infância numa cidade chamada Soturac. Ela mora atualmente em Cape Cod. É cientista de mudanças climáticas, que pesquisa pólen encontrado em sedimentos marinhos, e, apesar de ter adotado muitos dos hábitos americanos, ainda mantém a qualidade original francesa. Usa roupas incrivelmente na moda e lindas botas, embora a maioria dos cientistas no Instituto Oceanográfico use tênis ou sandálias Birkenstock. E é claro que ela adora cozinhar! Quando perguntei se poderia entrevistá-la, ela me convidou para almoçar na casa dela. Quando cheguei, encontrei Stéphanie e outra cientista francesa ocupadas no fogão, criando uma refeição aromática de peixe fresco, legumes, verduras e pão crocante. Conversamos sobre amor, romance, casamento e comida. Aqui está a sua receita de musse de chocolate:

Mousse au Chocolat

(porção individual ou para dois)
1 colher de sopa de açúcar
1 ovo
40 gramas de chocolate meio-amargo
1 pitada de sal

Bata o açúcar com a gema do ovo até ficar esbranquiçado. Corte o chocolate em pedaços e derreta-o em banho-maria. Misture o chocolate derretido com a mistura de gema e açúcar.

Bata a clara do ovo com a pitada de sal até que fique firme. Acrescente cuidadosamente a clara em neve à mistura de chocolate.

Coloque em formas individuais. Deixe esfriar na geladeira por 3 a 4 horas. Prontinho!

Truques e Dicas de Stéphanie

- Eu sempre uso chocolate próprio para cozinhar, com 64% de cacau. Não deve ser impossível de encontrar no seu país.
- Para duas pessoas, a quantidade é pouca. É melhor dobrar as medidas.
- Podemos acrescentar uma colher de sopa de manteiga, rum, Grand Marnier ou qualquer outro sabor de que você goste. (Meu favorito é com um pouco de Grand Marnier, mas geralmente prefiro quando o sabor do chocolate meio-amargo não é ocultado por outros sabores.)
- Musse de chocolate combina bem com morangos. Fazemos uma sobremesa chamada *verrines de mousse au chocolat*: um pouco antes de comer a musse, podemos colocar em cima dela biscoitos esfarelados (por exemplo, biscoitos amanteigados) e, logo acima, morangos. Para essa sobremesa, podemos colocar a musse antes de ir à geladeira em belas taças, assim será possível ver as diferentes camadas... é lindo e delicioso!

Mais chocolate!

Lembra-se da minha amiga Nancy e seus fabulosos jantares parisienses? O *petit gateau* de chocolate é sua marca registrada e ela generosamente concedeu a receita a você, querida leitora.

Fondant de Chocolate (Petit Gateau)

Rendimento: 10 porções

200g de chocolate amargo ou meio-amargo (preferivelmente com 70% de cacau) picado grosseiramente
1 tablete de manteiga
4 ovos
½ xícara de açúcar
2 colheres de sopa de farinha de trigo
¼ de colher de chá de sal
1 colher de chá de extrato de baunilha

1. Pré-aqueça o forno a 200°C
2. Unte forminhas individuais com manteiga e polvilhe farinha (elimine o excesso)
3. Quebre o chocolate em pedaços pequenos e derreta com a manteiga em banho-maria.
4. Bata os ovos com o açúcar e misture com a farinha e o sal.
5. Acrescente lentamente o chocolate e a manteiga derretidos. Acrescente o extrato de baunilha.
6. Coloque nas forminhas, sobre uma forma. Pode ser coberto com filme plástico e guardado na geladeira por até 8 horas. Durante o jantar, tire da geladeira 30 minutos antes de assar. Asse enquanto os convidados estiverem comendo o prato principal.
7. Asse a 200°C por aproximadamente 12 minutos; a parte de fora deve ficar assada e a parte de dentro mole.

Os fondants de chocolate (deixados nas forminhas e servidos sobre um prato) devem ser servidos quentes salpicados com açúcar de confeiteiro. É muito elegante colocar framboesas no prato, assim como *sorbet* de framboesa. Essa sobremesa é *hors concours*.

Variações:

- Você pode acrescentar 2 colheres de sopa de licor de laranja e casca ralada de uma laranja. Isso dá um delicioso sabor de chocolate com laranja.
- Você pode experimentar acrescentar canela moída e noz-moscada ou cravos à mistura de chocolate e manteiga.
- Você pode acrescentar essência de menta.
- Você pode acrescentar um pouco de essência de café à mistura.

Abuse das frutas vermelhas

Margaret Brooks é uma americana que dá aula de francês e é francófila de carteirinha. Ela mora em Connecticut, mas morou na França por muitos anos e é uma cozinheira de mão cheia. Foi muito generosa em nos oferecer a receita dela de *Clafoutis* de Frutas Vermelhas, que pode ser servida com o café, de manhã, ou como sobremesa. Eis o que ela nos contou sobre esse delicioso bolinho francês:

> *É interessante que na França eles não tiram os caroços das cerejas! Acho que a palavra* clafoutis *é original da área de Limousin – a região das frutas vermelhas; mas a palavra*

pode ter origem africana. Acho que, quando servimos no café da manhã, a consistência lembra uma panqueca americana; quando é para ser uma sobremesa, lembra mais um pudim.

Clafoutis de Frutas Vermelhas

2 ovos
⅓ xícara de açúcar
½ colher de chá de extrato de baunilha
3 colheres de sopa de farinha
Uma pitada de sal
⅔ de xícara de *crème fraîche* (caso não encontre no supermercado, você pode misturar creme de leite fresco com um pouco de iogurte, deixando descansar um pouco)
⅓ xícara de leite
O equivalente a 500 ml de frutas vermelhas: framboesas, amoras, o que você conseguir – ou substitua por cerejas ou pêssegos ou peras fatiadas.

Aqueça o forno a 200°C. Unte uma forma redonda de 25 cm. Bata os ovos com o açúcar e o leite até engrossar; acrescente a baunilha; acrescente a farinha e o sal. Misture metade do *crème fraîche* com o leite e bata até virar uma massa. (Guarde o resto do crème fraîche.) Coloque 1/3 da massa na forma e asse por 5 minutos; cubra com as frutas e coloque o resto da massa.

Asse por cerca de 25 minutos, até que fique pronto; retire do forno e deixe esfriar um pouco; polvilhe com açúcar de confeiteiro e sirva com o restante do *crème fraîche*.

Café na cama, da Tania

Tania, uma mulher charmosa que conhecemos em Paris, nos enviou a seguinte nota:

Um ótimo café da manhã para comer na cama é o tradicional desjejum francês:

- Baguete fresca com manteiga e geleia
- Croissant fresco, simples ou de chocolate
- Suco de laranja fresco
- Chá, chocolate quente ou café

Adoro tomar café na cama com meu "homem", principalmente quando ficamos na cama depois e fazemos amor. :-)

Se você ama comer, você ama viver

Nenhuma dessas receitas vai ajudar você a perder peso. Não é disso que se trata. É sobre prazer e amor. E, embora possamos não querer transformar em hábito comer pratos com creme de leite e toneladas de manteiga, de vez em quando, em ocasiões especiais, não tem problema algum.

A ideia de mostrar amor pela comida pode ter colocado algumas de nós em apuros no passado; certamente, como membro permanente dos Vigilantes do Peso®, me incluo nesse grupo. Entretanto, aprendi que, quando a comida é tratada com respeito e alegria, recebemos prazer e damos prazer. Isso não é crime, e não costuma haver nada de mau em alguém querer lhe dar o presente de uma refeição deliciosa ou uma sobremesa sensacional. Acredito que a comida vira um problema quando criamos uma relação adversária com ela. Em vez de estar em guerra com a comida, por que não ser amiga dela? Por que não conhecer um ovo? Ficar íntima dos legumes? Fazer amizade com um bom chocolate amargo? Dizer oi para o pão? Piscar para o queijo?

Depois de um tempo, vai haver menos encontros clandestinos à meia-noite na despensa. O desejo de detonar um saco de batatas chips vai desaparecer. Por quê? Porque quando nos tornamos amigas das comidas e apresentamos essas comidas para nossos entes amados, não mantemos mais a comida como nosso amante secreto. Em vez disso, transformamos nossos amantes em... nossos amantes. E a comida ocupa o lugar apropriado em nossos corações e em nossas vidas. A comida se torna apenas comida, uma coisa que intensifica nossos relacionamentos, traz alegria e satisfação e, sim, nos dá uma maneira de *demonstrar* nosso amor.

As francesas estão cientes disso há anos. Julie Salaber nos disse o seguinte:

> Amo comer, e acho que os homens preferem garotas que comem a garotas que estão de dieta. Se você ama comer, você ama viver!!!

Portanto, comecem a viver agora. A viver de verdade. E a amar.

Uma releitura francesa do saco de batata chips

Apesar de eu ter feito toda essa pesquisa, de ter começado a cozinhar mais e de ter cortado as comidas salgadas, doces e industrializadas da minha vida, vou dizer uma coisa: sinto falta dos dias em que comia algo que vinha num saquinho, sem pensar. Há algo de incrivelmente gratificante na quantidade aparentemente ilimitada de comida dentro de um saco e na sensação de que tudo que está lá dentro é meu e só meu. Talvez seja um conceito americano, da época em que eles eram pioneiros se mudando para o oeste e procurando por um pedaço de terra para ser deles, longe das fazendas vizinhas. Ou talvez seja da minha infância e dos dias em que minha mãe me agraciava com uma caixa de Ritz Crackers. (Ainda tenho lembranças intensas de chorar na varanda dos fundos da nossa casa, segurando uma caixa desses biscoitos salgados/doces enquanto meus pais brigavam dentro de casa.)

Supus que as francesas jamais comeriam algo direto de um saco. No entanto, em uma viagem recente a Paris, vi exatamente isso. Sim, vi umas jovens francesas no horário de almoço, fazendo uma espécie de piquenique em uma das pontes sobre o Sena. Era um lindo dia ensolarado, e duas mulheres comiam algo de dentro de sacos plásticos. Cheguei mais perto e me dei conta que não eram sacos de batatas chips, mas sacos de alface cortada, fresca e verdinha! Ah, os franceses...

Tentei fazer isso em casa comprando um saco de verduras, depois joguei um pouco de azeite natural e acrescentei sal e pimenta moída na hora. E não é que foi incrivelmente gratificante? Tenho a experiência de comer algo que está dentro de um saco, sem dividir com ninguém! E, de quebra, é salgado, crocante e supersaudável.

Comida é sinônimo de amor

Não pense que os franceses não são excêntricos. Quando pedi a Havoise, uma bela jovem francesa que se mudou recentemente de Pas-de-Calais para Paris, para me dar uma "receita para o amor", ela me escreveu dizendo que não tinha nenhuma, mas depois me mandou este poema, dizendo: *"Acho que inventei uma receita pra você."*

Por Havoise Mignotte

Pegue um frango
Asse-o no forno
Como você gostar
Como você preferir
Não importa se for com alho
Não importa se for novo
Apenas ame o que faz

Você vai comer na mesa
Você vai comer no chão
Você vai comer onde quiser
A quem importa o que você faz

Eu não esqueceria uma garrafa de vinho
Mas só é essencial
o sorriso nos seus olhos
E o sorriso no seu rosto
E o sorriso no seu corpo
E o sorriso em suas mãos
Você me entende?

Então beba o momento
E, por favor, seja egoísta
Por favor, seja você mesma
E sinta como é bom

Quando nada incomoda você
Quando tudo é tão leve
E você faz o que faz

Então coma o frango
Bem assado ou queimado
Fique lá, e depois vá
E faça isso todo dia

Lições de Francês

Convide alguns amigos para jantar. Escolha algumas receitas e faça uma lista de compras. Depois, vá ao mercado e compre os melhores e mais frescos ingredientes. Não se apresse em preparar a refeição. Aprecie os detalhes sensuais e aprecie sua festa.

Se você é do tipo que come coisas não muito saudáveis sozinha, encha sua casa de comidas deliciosas e frescas. Expulse as comidas industrializadas e pré-embaladas. Comece a cozinhar para si mesma e coma com uma sensação de prazer consciente. Ponha a mesa com louça e talheres de verdade. Coma com amigos e pessoas amadas sempre que possível (nunca lendo ou em frente à TV!). Coma lentamente, uma comida de cada vez. E como Mireille Guiliano sugere em *As Mulheres Francesas não Engordam*, tente colocar cada porção individual no centro de um prato diferente e servi-los um de cada vez. É isso que as francesas fazem e ajuda mesmo se você está tentando diminuir a comida e apreciar todas as texturas, aromas e sabores individuais.

Por fim, pare de fazer dieta e, como os Vigilantes do Peso® dizem, comece a viver!

3

Conhecer homens... *c'est facile!*

Quando perguntada onde ela conhece homens, nossa francesa ria e costumava dizer apenas "*em qualquer lugar!*" Ela conhece homens na universidade, em bares com amigos, em casas noturnas, no metrô, no mercado, em cafés, enquanto lê um livro, em festas, no trabalho. Em todo lugar. Todas as francesas com quem conversamos descreveram como, toda vez que saem da privacidade do próprio lar, elas se arrumam. Todas tinham uma atitude de "*bem, nunca se sabe o que pode acontecer.*" E toda francesa com quem conversamos falou sobre encontros acidentais. A conexão súbita. O momento compartilhado. Conversas animadas são o passatempo nacional na França, portanto, nossa mulher francesa entra em discussões com o cara no Brix, na loja de vinhos, ou enquanto está alugando uma bicicleta em Paris ou apenas procurando um bom filme para assistir. Ela sempre sai com a possibilidade de que talvez encontre um homem enquanto compra pão ou vai à biblioteca. Ela sai de casa usando um par de jeans de ótimo caimento, botas, uma jaqueta bem legal e talvez uma bolsa-carteiro vintage.

Borboletas são livres

Ou pode acontecer assim: a mulher francesa leva um livro sobre o estudo de borboletas ao café que frequenta. Ela se interessa mesmo por borboletas, mas sabe que, se ficar lendo sentada em casa, não vai conhecer ninguém. No café sim, um homem repara nela. Ele pergunta sobre o livro. Borboletas? Ela conta para ele o que aprendeu sobre elas — a maioria das borboletas só vive por umas duas semanas depois que sai do casulo. E nesse curto espaço de tempo, precisa achar um parceiro antes de morrer.

Que triste! Que tocante! E sim, há belas fotografias nesse livro. É um verdadeiro show de imagens de borboletas com cores brilhantes que parecem joias! Ela mostra isso para nosso cavalheiro, e ele fica fascinado.

O garçom leva para ela a *citron pressé* (limonada) e, então, há um momento. No contexto de conversar sobre borboletas, nossa francesa conhece um pouco esse homem. Talvez ela o convide para se juntar aos amigos dela naquela noite em um bar onde sempre se encontram. Ou talvez não se interesse por nada além dessa breve conversa. A mulher francesa sabe que, enquanto essa conversa sobre fotos de borboletas acontece, há outros homens reparando nela. Toda essa atenção conspira para fazer nossa francesa se sentir desejada e muito confiante. E confiança é a chave para o poder da mulher francesa.

As mulheres francesas geralmente não acreditam em amor à primeira vista, mas estão abertas à possibilidade.

Uma francesa disse: *"É raro ser amor à primeira vista. Primeiro nos conhecemos, depois nos tornamos amigos e, então, talvez uma atração se desenvolva."* Ela sabe que todo homem que conhece pode ser um amante em potencial ou simplesmente um amigo, ou talvez só alguém que a faça se sentir desejada, e isso é tudo. Não há fim de jogo, só um fluxo natural. Ainda assim, outra francesa, talvez mais cínica, disse o seguinte:

> Se um homem diz logo que ama você, isso não é verdade. Um bom homem não vai dizer imediatamente que a ama. Depois de um mês é impossível um homem amá-la e querer passar a vida toda e ter filhos com você. Não existe essa coisa de amor à primeira vista.

Vista-se para o sucesso, no estilo francês

Quando perguntamos a uma francesa como ela conheceu o namorado, ela faz uma pausa e parece confusa. Como ela o conheceu *mesmo*? O motivo é que conhecer homens é parte do dia a dia dela. Ela não se esforça para isso. Apenas está presente. Apenas é ela mesma.

No entanto, ela veste roupas que a fazem se sentir confiante e sempre usa lingerie boa, todo dia. Faz isso para *si mesma.* As francesas lidam com o vestuário como uma forma de arte. Elas amam criar seus trajes únicos. Foram criadas para ser assim e a vida delas se passa assim.

Para ser justa, muitas francesas nos diriam que a moda é diferente na França. Uma jovem que agora mora nos Estados Unidos nos contou que acha as roupas francesas mais femininas, com mais estilos e preços mais acessíveis.

Ela achou mais fácil encontrar o próprio estilo no país dela e, agora que mora nos Estados Unidos, isso é um desafio. Ela costuma fazer compras em Nova York, compra o básico onde mora e mistura peças únicas e interessantes que encontra em brechós. Os franceses têm uma longa tradição de descobrir tesouros em mercados de pulgas e brechós. E pense bem, não é bom para o meio ambiente? O desastre de moda de uma mulher poderia ser o novo acessório perfeito para uma outra.

Portanto, mesmo não sendo possível para todas nós nos vestirmos de uma forma engenhosa, principalmente com orçamento apertado, é possível fazer isso se estivermos dispostas a sermos criativas.

Somos todas ocupadas

Como mulheres modernas, vivemos em um mundo incrivelmente agitado e temos muitas responsabilidades. Temos nossos empregos, nossas famílias, nossas casas. Vamos à academia. Saímos com amigos. Temos clube do livro e aulas de ioga. Temos mil compromissos. E ainda há todos aqueles e-mails para responder, presentes para comprar e compras a fazer. E pensamos: "Quero achar o amor." Ou: "Quero tornar meu relacionamento ou meu casamento melhor. Mais romântico. Mais sexy. Mais divertido. Mas não tenho tempo para me preocupar com isso." Na verdade, costumamos pensar em romance, amor e conhecer homens como algum tipo de obrigação ou compromisso, assim como pensamos no exercício como uma coisa que fazemos três vezes por semana na academia e não uma coisa que integramos ao nosso dia a dia.

Já nossas irmãs francesas conseguem integrar tudo no dia a dia delas. Elas se exercitam ao andar ou ir de bicicleta para todos os lugares e ao carregar as compras. Elas não entendem a necessidade de parar a vida para ir a uma academia. E, além disso, elas dizem, isso não parece muito divertido.

Elas se sentem do mesmo jeito com relação ao amor. Para elas, mesmo a busca deve ser agradável e deve fazer parte da vida diária. Não tem início nem fim.

O eBay do amor

Quando ainda não aprendemos como integrar em nosso dia a dia as atividades de conhecer homens, ser social e se divertir, ficamos frustradas e um pouco irritadas. Parece muito difícil encontrar um companheiro e um amante. Não queremos dormir sozinhas, mas não queremos parar nossas vidas para ir em busca do amor. Ainda assim, em nossos ardentes esforços para encontrar o amor, costumamos recorrer à internet e a serviços de encontros on-line. Tratamos o amor e a tarefa de conhecer homens como outra obrigação, um trabalho ou uma pequena indústria caseira. Saímos "às compras" atrás de amantes, namorados, potenciais maridos. Montamos perfis e esperamos que as ofertas cheguem. E elas chegam. Na verdade, às vezes pode parecer como o eBay do Amor, só que geralmente não há espaço para as pessoas realmente validarem a integridade dessa pessoa, desse potencial amante que existe on-line, vendendo a você uma coisa muito mais importante do que a jaqueta que imita pele de leopardo que Kate Moss tornou popular. E aquela foto que você acaba descobrindo que é de 10 anos atrás? Ah, e a última descoberta: alguns homens roubam o texto dos perfis de outros homens, portanto, não são honestos quando se apresentam. Não é à toa que, quando conhecemos um homem pela internet ou fora do contexto de trabalho, amigos e família, geralmente falta química. E, no pior das hipóteses, acabamos tendo que mudar o endereço de e-mail e tendo que ignorar as mensagens lastimosas de um pretendente indesejado.

É verdade, algumas francesas usam serviços de encontro on-line, mas eles não são tão populares lá como em outras partes do mundo. O motivo é que as francesas não separam os aspectos da vida delas como muitas de nós fazemos. Para uma francesa, cada momento do dia e cada atividade é uma oportunidade de apreciar os prazeres sensuais da vida. Essa é a chave, na verdade, porque as francesas não costumam "ligar e desligar". Para uma francesa, tudo na vida é romântico, sensual e prazeroso. Elas estão sempre prontas para a sedução.

Então como as francesas conhecem seus namorados e maridos?

A França é um país pequeno. Acrescente a isso a crença profundamente incutida de que os franceses têm no valor de uma boa educação escolar e você descobrirá que muitos homens e mulheres lá conhecem seus futuros parceiros na escola ou na universidade. Muitos acabam se casando com o garoto ou a garota que era seu amigo na infância. É comum que as famílias se conheçam há gerações. E, em certas sociedades, festas são organizadas para apresentar as moças e os rapazes de status social similar.

É claro que nem toda francesa conhece o marido ou namorado quando criança, na universidade ou em festas organizadas. No entanto, esse modo de conhecimento, por família e amigos e por interesses comuns, é uma parte importante da estrutura social. E assim, se uma francesa não conheceu seu homem por esses caminhos, ela pode conhecê-lo no trabalho. E sim, há muita confraternização no trabalho acontecendo, e não se olha torto como se faz em alguns países. Na verdade, os franceses acham engraçado o zelo com que se fala de processos de assédio sexual. Um francês nos contou que, antes de ir trabalhar nos Estados Unidos, os amigos o avisaram de forma provocativa para não entrar em um elevador sozinho com uma mulher ou ele podia ser processado por assediá-la sexualmente. Ele foi bastante cuidadoso para não flertar nem dizer nada pessoal, nem mesmo um elogio, por medo de ser mal-interpretado.

Confraternizando no trabalho

Os americanos são muito preocupados com o comportamento no trabalho. Em seus dedicados esforços para não se meter em encrencas com o departamento de recursos humanos, eles acabam tendo um trabalho enorme para ignorar o fato de que há uma diferença entre homens e mulheres. Esses homens lutam para nos tratar exatamente como iguais a eles, afastando quaisquer pensamentos de sexualidade da mente enquanto estão no trabalho. E, apesar de apreciarmos as possíveis consequências legais e de querermos pagamento igual para fazer o mesmo trabalho e sermos tratadas como profissionais e termos nossos esforços recompensados, há uma sensação que nos atormenta de que uma parte essencial de nós mesmas está sendo ignorada: o fato de que somos *mulheres*. Somos diferentes dos homens.

Lutamos para sermos profissionais no trabalho e fomos ensinadas que, para isso, temos que nos vestir de maneira neutra. E assim, usamos terninhos e adotamos peças do vestuário masculino. E, então, quando saímos em nosso encontro à noite, seguimos na direção oposta porque nossa sexualidade foi firmemente sufocada ao longo da semana no trabalho. Então, saímos usando um vestidinho curto e saltos de 15 centímetros. É a mentalidade de uma coisa ou outra. E que não serve para nós.

Resgatando o seu lado feminino

As francesas nunca esquecem que são mulheres. Então, estejam elas andando pelo bairro no 5º *arrondissement* ou no meio de uma reunião de trabalho, elas sempre mantêm a feminilidade. Não feminilidade no sentido de tecido rosa de florzinhas, franjas, rendas e laços, mas sim feminilidade no sentido de *ser mulher*. Isso é alcançado com o uso de vestuário profissional com um acessório ou detalhe que sutilmente lembra ao mundo que ela ainda é mulher. Talvez ela use um broche interessante ou uma saia sexy com uma jaqueta de botões. Talvez um par de saltos fabulosos com uma calça estreita. Ela sutilmente integra a sensualidade ao guarda-roupa de trabalho. As francesas não acreditam na mentalidade de uma coisa ou outra. *"Sou uma rígida mulher de negócios!"* ou *"Sou uma mulher atraente!"*

Nem oito nem oitenta

Não, não queremos que os homens ajam com rudeza ou crueza ou de maneira inadequada, mas um flerte leve, um pouco de diversão no trabalho, não é uma coisa completamente ruim e pode tornar a vida mais agradável. Mais sexy. E pense bem: quando você está trabalhando, não está sendo o que você tem de melhor? Você está bem-vestida e é vista como uma pessoa capaz, bem-sucedida e poderosa. E os homens que você conhece no trabalho? Você pode vê-los no contexto do mundo real deles, como agem com o chefe, com os colegas. Como eles lidam com o estresse? E o fato de você estar no escritório e não em um encontro proporciona um modo maravilhoso de ganhar tempo, de conhecer um homem de verdade e decidir se quer levar as coisas mais longe. Além disso, um pouco de amor proibido e a necessidade de manter segredo podem acrescentar muito calor a qualquer romance.

As francesas não são punidas por usar algo ligeiramente sexy para ir ao trabalho. Na verdade, a apresentadora Claire Chazal mostra o decote toda noite no noticiário das 20 horas da TV francesa. Os franceses não veem nada demais nisso. *"Ela é mulher. Tem seios. Qual é o problema?"*, eles dizem. E todas as apresentadoras de noticiário mostram um pouco de decote e ninguém fica se prendendo a isso.

Conheça seu homem

Você pode achar que viver em uma sociedade tão fechada poderia dificultar o processo de conhecer homens, mas na verdade ajuda bastante, porque o entrelace de relações entre família, comunidade e escola proporciona uma espécie de processo de classificação ou teste. Quando uma francesa conhece um homem no jantar do primo, ele já foi completamente investigado. Conhece o primo dela, trabalhou com o irmão dela; talvez jogue tênis no mesmo clube. Há vários fatores de conexão. Ela não está conhecendo um estranho; não é um encontro às escuras. Ele é *conhecido*. Essa ideia de ser conhecido é de suma importância na França.

Durante uma visita recente, me encontrei com minha querida amiga Margie. Ela é americana e mora no norte da França, e manteve muitos de seus hábitos americanos. Ela não compra carne na *boucherie* (açougue) local, mas sim no *supermarché* (supermercado). Um dia, o carteiro queria entregar um pacote a ela, mas ela não estava em casa. Então ele foi até a *boucherie* perto da casa dela e pediu para deixar o pacote lá, supondo que ela passaria lá mais tarde e então eles poderiam entregar o pacote. Mas o dono da loja disse que nunca tinham ouvido falar nessa Margie! O carteiro ficou chocado. Como ele podia não conhecer uma mulher que morava a algumas portas de distância? Certamente ela comprava carne lá! Mais no final da semana, Margie recebeu o pacote. O carteiro a encontrou em casa e, quando ela abriu a porta e assinou pela entrega, ele explicou como tinha tentado deixar a caixa na *boucherie*, mas que isso não foi possível porque não reconheceram o nome dela. Margie disse que não comprava lá. Foi esperta o bastante para não dizer que preferia o anonimato do *supermarché* e apenas assinou o recebimento. E o carteiro sacudiu a cabeça e persistiu: "Mas madame, ele não *a conhece*!" Ele ainda se prendia ao fato de que ninguém na *boucherie* conhecia Margie.

Ele ficava se repetindo: *"Il ne vous connaît pas!"* ("Ele não a conhece!")

Por que ser "conhecido" é tão importante?

A comunidade, a família e as amizades são ingredientes cruciais quando o assunto é encontrar e preservar o amor. É por isso que as francesas raramente fazem "festas de garotas" como algumas outras mulheres costumam fazer. "Para quê?", elas perguntam. "O que há de divertido nisso?" Quando nos preparávamos para nossas entrevistas, pedimos para nos encontrarmos apenas com *mulheres* francesas e insistimos que os namorados, amigos e maridos não participassem. As garotas francesas não conseguiam entender isso e, apesar de terem acabado concordando em irem sozinhas, depois de algumas horas, os homens começaram a chegar. Para uma francesa, toda oportunidade de sair com um grupo de amigos para um bar ou café ou para uma reunião na casa de alguém é uma oportunidade para o romance, o flerte e a sedução. Os homens e as mulheres realmente amam uns aos outros na França. Admiram uns aos outros. Uma mulher nos disse: "*Não há nenhuma grande tensão entre homens e mulheres aqui.*" Ela prosseguiu explicando que achava que o movimento feminista nos Estados Unidos criou um afastamento entre os sexos e muitas discussões sobre quem deve cozinhar e quem deve fazer a limpeza. Os franceses com quem conversamos parecem apreciar de verdade a diferença entre os sexos. Conversamos com um francês que viveu e trabalhou nos Estados Unidos por alguns anos. Ele ficou muito confuso com o quanto algumas mulheres de negócios americanas pareciam *masculinas*.

Ser feminina é uma coisa maravilhosa na França. *Féminité* (feminilidade) não é palavrão lá. As mulheres usam lingerie, perfume, creme e maquiagem de aspecto natural. Escolhem roupas que enfatizam a feminilidade delas: os seios, as longas pernas, as cinturas finas. De vez em quando, escolhem usar uma moda mais andrógina, colocando um boné e coturnos, ou talvez um paletó de tweed grande demais. Esse jeito de se vestir como menino é divertido e só serve para enfatizar a feminilidade delas.

Então, quando homens e mulheres franceses se reúnem em um grupo, há uma deliciosa sensação de possibilidade. Em jantares, maridos e esposas raramente sentam juntos. Qual seria a diversão disso? Os homens não vão para outra sala para assistir ao jogo de futebol enquanto as mulheres se amontoam na cozinha para falar dos filhos ou da mais recente descrição do que a pequena Sienna fez na escola hoje. Em vez disso, todos se misturam. Jovens e velhos, solteiros e casados.

Mas, pense bem: ao se socializar assim, as francesas conhecem muitos homens e podem "exibir" o quanto são desejadas no contexto de amigos e família. E todo mundo se exibe. É o passatempo nacional. Se você anda por uma rua na França, principalmente nas grandes cidades, vai ver homens e mulheres passeando, usando roupas lindas e com aparência estupenda.

Minha amiga americana Nancy, que mora em Paris, ficou muito confusa com isso quando chegou. *"Eu não conseguia entender por que as mulheres pareciam se arrumar mais nos finais de semana, quando levavam as crianças aos parques. Por que iam de saia e salto alto?"* Em outros países, as pessoas têm a tendência de caprichar menos nas roupas nos finais de semana, mas não os franceses. As francesas se esforçam ainda mais para ficarem bonitas nos finais de semana porque os maridos, companheiros ou namorados estão em casa e as ruas estão cheias de homens e mulheres aproveitando os dias de folga. Em vez de usar o final de semana como oportunidade para usar roupas de ginástica (coisa que os franceses não conseguem entender), elas se vestem para se exibir. Quando entrevistei duas francesas recentemente, candidatas a doutorado que estavam nos Estados Unidos, elas expressaram um verdadeiro choque pelo modo como as mulheres se vestiam. *"Por que elas vão trabalhar de pijama?"*, elas perguntaram.

Elas estavam falando de calças de amarrar de flanela. Vocês devem saber quais. Foram vendidas como calças, mas não parecem pijamas?

Esta é sua vida

O modo francês de viver, vestir e cuidar de si pode parecer muito trabalhoso. E afinal, vivemos em um país enorme. A maioria de nós não está integrada numa comunidade fechada. Não temos tempo de ir a jantares ou sair com garotas e garotos para cafés e olharmos uns pros outros o dia todo. Temos que trabalhar, nós dizemos, mas considere o seguinte: se você está procurando um companheiro, o que você está fazendo? Olha sites na internet? Liga para cinquenta amigos e pede que arrumem encontros para você? Vai a eventos de solteiros? Isso dá muito mais trabalho e nem é muito divertido. E não é nada natural.

E se você é casada ou mora com seu companheiro e quer que ele se concentre mais em você, que modo melhor há de fazer isso do que mostrar a ele que você é uma mulher do mundo, que tem estilo e se veste bem, e que outros homens reparam em você? Ele não vai ver isso a não ser que vocês saiam com grupos de pessoas de ambos os sexos!

Aceite a dica das francesas e integre o amor, o romance e a beleza em sua vida diária. Acabe com o ciclo de uma coisa ou outra: vestir-se para um encontro ou vestir-se para a academia. Sair ou ficar em casa. É a mesma mentalidade que temos quando comemos muito e depois fazemos dietas de passar fome. Nos reprimimos e depois ficamos tão famintas e exageramos nas coisas. No amor, reprimimos nossa sensualidade e depois ficamos ansiosas e inquietas, perdemos nossa autoconfiança e terminamos dormindo com algum cara que não é bom para nós, que é o equivalente emocional a um saco enorme de batatas chips.

Ande suavemente e carregue um grande livro

Sendo uma mulher moderna, você ainda pode conhecer homens no estilo francês. No próximo final de semana, vista-se bem e leve um bom livro com você. Escolha alguma coisa pela qual você realmente se interesse. Escolha um livro que revele alguma coisa sobre quem você é e com que você sonha. Vá a um café, e quanto a isso não há desculpas, há muitos estabelecimentos por aí. Peça alguma coisa gostosa e apenas fique sentada lá. Talvez ninguém vá falar com você, mas é um começo, e apenas estar por aí com uma aparência ótima vai aumentar sua autoconfiança. Depois, experimente usar uma roupa com um toque sensual (a sutileza é a chave!) para ir ao trabalho. Coloque lingerie por baixo. Ninguém vai saber disso além de você, mas você vai ver como isso vai fazer você se sentir diferente.

Depois, olhe para seu círculo de amigos. Será que você consegue planejar uma festa? Nada formal. Apenas crie uma oportunidade para ver e ser vista. Esse é o primeiro passo para conhecer novos homens e talvez descobrir um fabuloso que esteve debaixo do seu nariz esse tempo todo!

Lições de Francês

Comece conhecendo homens em seu hábitat natural: no trabalho, com grupos de amigos, no café perto da sua casa, em jantares. Aumente sua confiança e capacidade de ser desejada ao se vestir como uma mulher que já está apaixonada.

Examine seu círculo de amigos e veja se há algum cavalheiro que você gostaria de conhecer melhor. Peça a seus amigos para organizar uma festinha onde você possa ver como se sente no contexto de um grupo. No trabalho, lembre-se de que você é mulher e vista-se de forma sensual; seja simpática mas profissional. Faça questão de ir almoçar com seus colegas.

Se você é jovem (ou mesmo não tão jovem), não destrua todas as possibilidades. Termine relacionamentos de uma maneira civilizada. Você pode precisar daquele namoradinho de infância. Mantenha contato. Se for mais velha, restabeleça contato com antigos amantes. Mantenha os olhos abertos e saiba que todo homem é um amante em potencial e que, se esse não for o caso, todo homem oferece a você a possibilidade de aumentar sua autoestima e confiança!

4

As francesas "seduzem" todo mundo que encontram

Quando os franceses falam em *séduire* (seduzir), estão falando de muitas coisas mais do que o processo de levar alguém para o quarto. Para os franceses, ser sedutor é um modo de viver e lidar com o mundo. Inclui inteligência, bom-senso e uma braçada generosa de charme.

Eis como um francês descreve:

> "*Séduire*" não significa que o objetivo final seja colocar alguém em sua cama (embora possa ser). Eu acho que "encantar" é mais apropriado, ou pelo menos mais próximo do significado francês.
>
> *Séduire* é fazer alguém gostar de você ou das suas ideias. Então *"la séduction" é uma habilidade que você provavelmente vai querer ter quando se é Casanova, vendedor, guru, diplomata...*

Portanto, é uma habilidade que cruza todas as fronteiras.

"La séduction" é um talento que uma francesa pode cultivar com o objetivo do sexo, sim, mas ela também vai empregar seu charme e sedução para lidar com a vida: para se certificar de estar comprando os alhos-porós mais frescos do mercado, para diminuir o valor daquela multa de estacionamento (sim, na França muitas dessas coisas são negociáveis) ou para que os óculos sejam consertados sem que ela tenha que pagar uma taxa a mais.

A França é um país pequeno com uma sociedade fechada vivendo dentro de um sistema social complexo, repleto de burocracias complicadas. As coisas não andam tão rápida ou facilmente como em outros países, e, por causa disso, a francesa aprende cedo que, se quer conseguir alguma coisa, precisa ser discreta e encantadora. Ela conversa com o dono da *boulangerie*, com o garçom do café da esquina, com o instrutor de ioga e até com os colegas de trabalho. Ela não entra simplesmente num supermercado e compra a garrafa de vinho sem dar uma palavra. Em vez disso, ela vai à loja de vinhos do bairro, onde é conhecida do dono há anos, e se envolve em uma conversa sobre o mais recente Bordeaux vindo de Médoc. É mesmo tão bom como todo mundo diz? Ela pergunta sobre os filhos dele. Como vai o jovem Bernard e os estudos para o *baccalauréat*?

Não só um bem desenvolvido sentimento de encanto ajuda a francesa a lidar com o mundo, mas também é *de rigueur* (absolutamente necessário) quando se trata da vida amorosa dela. Como assim? Bem, as mulheres francesas vivem para o prazer, como descreveu Mireille Guiliano em seu maravilhoso livro, *As Mulheres Francesas não Engordam*. As francesas não vivem num mundo de uma coisa ou outra. Elas não acreditam em exagero ou jejum quando se trata de comida e não acreditam nisso quando se trata de amor. E assim, nossas francesas nos contaram como são um pouco sexy o tempo todo. É claro que são sutis, mas nunca esquecem que são mulheres e têm um poder inegável. E assim elas vão *séduire* o tempo todo, tão naturalmente, de forma tão discreta que alguém pode nem saber que foi seduzido. Os franceses têm um jeito de dar uma olhada de lado cheia de significado ou sem significado algum. Quando perguntei a Julie, que mora no 5º *arrondissement* em Paris, como ela "seduz", ela nos contou o seguinte:

> Uso meus olhos! Seduzo com um olhar expressivo. Essa é minha estratégia!
>
> Para reconquistar um homem, faço com que ele sinta ciúmes.
>
> Sou confiante com meu corpo, mas não sei bem por quê. Gosto do meu corpo, gosto de insinuar a beleza dele, fazer os caras quererem descobrir mais... E amo dançar, sentir meu corpo, sacudi-lo! O fundamental é que sempre quero estar bonita, porque nunca se sabe o que pode acontecer!

Sim, é apenas um olhar, e talvez ela possa fazer um pequeno elogio, dar um pequeno sorriso, seguido por uma frieza sutil. Elas também pedem ajuda para encontrar o caminho ou pedem um favor pequeno, tal como pegar uma caneta emprestada. Talvez perguntem o nome de um restaurante próximo, uma recomendação de vinho. Isso envolve o homem e prende a atenção dele sem entregar as intenções dela. Dessa forma, elas deixam o homem se perguntando se são os objetos de afeição delas ou apenas alguém que está lá para ajudar a mulher a mostrar seu charme em público. Talvez ela apenas o esteja usando como truque para fazer com que outro homem a note ou para aumentar um pouco a libido. As francesas estão sempre praticando a arte da sedução e refinando suas técnicas. Parte da prática envolve fazer as coisas devagar, ser discreta nas intenções e se entregar a uma conversa agradável que serve para inspirar o apetite de todo mundo pelo amor e pelo prazer.

Tudo gira em torno do prazer

Poderíamos dizer que essa forma de sedução sem intenções sérias parece manipuladora e nada autêntica, mas esse não é o caso. Na França, as conversas inteligentes são um passatempo nacional! Faz todo mundo se sentir um pouco sexy. Não apenas isso, mas satisfaz uma certa necessidade de atenção, e assim nossa mulher francesa não se sente solitária ou negligenciada a ponto de farrear com algum homem não tão desejável, que é só um tapa-buraco que vai deixá-la se sentindo faminta e insatisfeita. Todas nós já passamos por isso antes: ligamos para um ex-namorado no meio da noite e, quando ele sugeriu que a gente fosse para lá para relembrar os velhos tempos, dissemos *tudo bem, por que não?* Pois afinal, fazia tanto tempo que ninguém prestava atenção em nós como mulheres. Queremos nos sentir sexies.

Amantes vapt-vupt

Bom, até nos sentimos sexies, mas só até a manhã seguinte. Na imperdoável luz do dia, nos damos conta de que ele ainda é o cara com dificuldade de assumir compromisso, o que não consegue pegar as próprias meias do chão e nunca se lembra de baixar o tampo da privada. E assim nós o chutamos e dizemos que nunca mais, e, então, encaramos o dia cheias de atitude. Damos uma resposta ácida para o cara na lanchonete. Fazemos cara feia para o cara do elevador. Entramos no trabalho batendo os pés e vestindo um terno blindado, decididas que homem é tudo cachorro! Isto é, até a próxima vez que estivermos nos sentindo solitárias e mal-amadas no meio da noite.

Viver assim – entre dois extremos — não é nada divertido. E certamente não é prazeroso.

Encontrar o verdadeiro prazer significa ir devagar, esperar por um amante de qualidade e empregar apenas um pouco de subterfúgios elegantes e astuciosos. Sim, podemos ir para a cama com qualquer gostosão (às vezes até minutos depois de conhecê-lo!), mas não é mais gostoso esperar até que alguém que realmente valha a pena apareça?

As francesas sabem disso. Elas dão atenção para um cara, depois recuam, depois avançam mais um pouco, depois recuam, sempre acrescentando temperos e mistérios à sedução. Deixam um homem que elas admiram em banho-maria por um tempo, aguardando enquanto a fome cresce e se transforma numa espera deliciosa. E imagine uma francesa que tem vários admiradores cozinhando em seu fogão, metaforicamente, é claro. Essa espera em direção ao prazer é o ingrediente-chave de como as francesas conservam sua sensação de autoconfiança. E mais do que qualquer outra coisa, a autoconfiança é sedutora.

Quando se é autoconfiante, não há razão para ceder tudo de uma vez ou revelar tudo de uma vez. Quando se é autoconfiante, se é misteriosa, e essa combinação é tremendamente sedutora e irresistível.

As francesas nunca parecem estar se esforçando muito

Escutem como as francesas falam. As vozes delas são baixas e suaves. Elas não sorriem tanto como nós. A risada delas é mais contida. Raramente se exultam ou falam alto. Nunca se embebedam. Não agem como se soubessem tudo. Eis o conselho de uma francesa para as mulheres que estiverem sentindo um certo cansaço de guerra:

> Não seja chique demais. Seja mais natural, mais engraçada, mais relaxada. Amar a moda e ser chique na hora de se vestir não significa que VOCÊ tem que ser chique!!!!

Não há nada mais poderoso do que ser natural.

Nada é óbvio demais ou parece ser orquestrado. Esse mistério e essa sutileza são altamente eróticos, porque a mulher francesa sempre envia sinais contraditórios. *Estou disponível ou talvez não esteja disponível.* E não é um jogo, porque se você levar em consideração como se sente, sabe que não tem sempre certeza sobre essas coisas. Você pode mudar de ideia. É a prerrogativa de uma mulher.

Discreta, mas sedutora

As mães francesas ensinam as filhas que elas devem ser *séduisantes* (sedutoras e encantadoras) e discretas desde a hora em que aprendem a falar. Esse treinamento é bem útil a elas na hora de negociar nos ambientes traiçoeiros de escola e trabalho, e também quando se trata de encontrar um marido ou companheiro.

Os Estados Unidos são um país grande, e as mulheres de lá têm o luxo de poder se mudar para um lugar novo e se reinventar caso passem por uma grande "vergonha" na cidade natal. Elas não são tão próximas das famílias e muitas delas vivem em cidades anônimas onde podem passar anos sem sequer conhecer os vizinhos. Podem conhecer um homem pela internet, entrar no carro e viajar quilômetros para um encontro. Se as coisas não derem certo, não tem problema. É um país enorme!

Na França não é assim. É comum que uma garota francesa se case com um garoto da cidade onde ela passou a infância. E como a família francesa é o centro da vida cultural, tanto o homem quanto a mulher francesa procura um companheiro que saiba ser discreto e que consiga lidar com o mundo com graça, leveza e que pense bem na família. E, enquanto as francesas (e os franceses) têm suas ligações secretas, elas geralmente não falam sobre isso.

Em seu fabuloso livro *Entre Nous: A Woman's Guide to Finding Her Inner French Girl* (Entre Nós: Um Guia Feminino para Encontrar sua Francesa Interior), Debra Ollivier cita Christophe, um jornalista francês com um histórico rico em romances em ambos os lados do Atlântico:

> Tudo em sua cultura [americana] é definido como um contrato, até mesmo o amor. Isso é precisamente o oposto da França. Saí com francesas por meses antes de saber exatamente quem elas eram ou o que queriam

de mim. Depois do primeiro ou segundo encontro, a americana quer tudo especificado: "Estamos saindo juntos? Você é meu namorado ou é só um amigo?" Uma francesa não faz isso. Ela fica à vontade em deixar as coisas evoluírem naturalmente, mas a bola está quase sempre no campo dela.

A bola está sempre no campo dela porque a francesa em questão provavelmente não sai nos tradicionais encontros a dois com Christophe, mas sim o encontra entre amigos. E, ao fazer isso, um homem não pode esperar nada de uma mulher, porque ele não está pagando um jantar caro. Desse modo, não há pressão e um homem e uma mulher podem simplesmente se conhecer e desenvolver uma amizade. Uma amizade sedutora, quente, poderosa, até que um dia eles caem nos braços um do outro e fazem um amor louco e apaixonado!

C'est fantastique!

Não parece delicioso? Você não gostaria de se sentir um pouco mais poderosa e muito mais confiante no que diz respeito à sua relação com homens? Não seria maravilhoso saber que a bola está sempre no seu campo? Você não precisa ter nascido na França nem ter uma *maman* francesa para ensinar essas coisas a você. Como mulher, você tem poder de ser tão sedutora e encantadora como uma francesa. É apenas uma questão de repensar o que é sexy. Em vez de "ligar e desligar", usar moletom para fazer compras de supermercado e trocar por um vestido minúsculo com saltos de 15 centímetros para sair à noite, tente se vestir bem o tempo todo. Talvez mostre um pouco de pele ou use um acessório sexy. Lembre-se, menos é mais e sutileza é a chave. Faça tudo com moderação. Pense no amor como um pedaço de chocolate meio-amargo de qualidade. Não compre do barato. Procure um bom, de qualidade e realmente satisfatório. Permita que sua fome se desenvolva. Espere pelo momento certo. Saboreie-o. Aprecie verdadeiramente a satisfação, a sensualidade.

Comece a "seduzir" (no estilo francês) todo mundo. Pratique a arte da atração. Não se trata de "pegar" um homem ou forçar seu marido a prestar mais atenção em você. Seja uma francesa e trate todo dia, todo momento da sua vida como uma oportunidade de sentir o poder de ser desejada. Desenvolva sua individualidade e cuide da saúde da sua libido vestindo-se bem, cuidando do seu corpo e usando boa lingerie.

Use seus olhos. Sorria só um pouco. Faça isso se você tiver 17 ou 75 anos. Quando você pensa como uma francesa, não há data de validade para o amor. O amor e o sexo, ser desejada e bela não são coisas reservadas para as jovens. Dê uma olhada em Catherine Deneuve. Arielle Dombasle. Fanny Ardant. Juliette Binoche. Isabelle Huppert. Ségolène Royal.

Comme vous êtes compliqué (você é tão complicado)

Isso tudo parece um pouco complicado? É mesmo. Mas a verdade é que você é complicada e o amor é complicado. As francesas sabem que isso é uma parte importante do charme de uma mulher — a imprevisibilidade. Ao mesmo tempo em que isso foi arrancado de nós durante os anos 1970, quando as mulheres modernas estavam tentando entrar de cabeça na arena profissional, as mudanças de humores e de opinião ainda são e sempre vão ser prerrogativas femininas. As francesas nunca abriram mão do direito de serem inconstantes. E é hora de resgatar esse traço injustamente malquisto das mulheres. Em vez de pensar nisso como uma fraqueza causada por flutuações hormonais, considere nossas mudanças de humor como grandes barômetros de nossas mentes, corpos e corações.

E verdadeiramente, os homens amam o fato de que somos diferentes deles. As francesas nunca se esqueceram disso. Eis o que um americano que morou na França durante muitos anos tem a dizer sobre as francesas:

> Adoro as francesas. Quando morei na França, aos 25 anos, meu pescoço ficava sempre doído de me virar para olhar as beldades que eu cansava de ver nas ruas. Comentei que espero voltar a morar lá em breve? Os corpos altos e esguios, o estilo de vestir... Eu admirava essas coisas, mas também a tendência delas de viver a vida com mais intensidade do que as americanas. Assim como os homens de lá, as francesas não são tão materialistas, e apenas por isso já as acho mais bonitas. A beleza delas, ao menos para mim, tem uma qualidade improvisada. Espiritualmente, as francesas costumam ser mais sonhadoras do que as americanas, com mais tendência a fantasias, mais apreciadoras da paixão, mais extravagantes, mais repletas de *joie de vivre* e de uma determinação a aproveitar ao máximo a juventude, mais informadas culturalmente. Eu também amo a língua francesa, a musicalidade das entonações. Uma francesa pode mandar você se foder com

uma musicalidade tão doce que você vai agradecer a ela. Há também uma formalidade na língua francesa que pode acrescentar uma tensão preciosa. Meu amigo americano certa vez irritou uma jovem promotora em uma boate. Ela respondeu: "*Mais monsieur, comme vous êtes compliqué.*" Isso poderia ser traduzido para "Cara, você é um imbecil" ou "como é difícil agradar você". Mas, traduzido literalmente, essa mulher chamou meu amigo de "complicado". E ele era mesmo. Adoro isso.

Isso pode parecer impossível de imitar. Afinal, não falamos francês. Mas, se você pensar bem, não é impossível. Podemos prestar atenção na hora de usar as palavras. Em vez de dizer "você é um imbecil", por que não dizer "você é complicado"? É uma mudança simples, um jeito de escolher as palavras com cuidado e criar um efeito mais sensual. E, na verdade, as garotas francesas não têm monopólio em serem autênticas, sonhadoras ou viver com intensidade. É verdade que muitas mulheres hoje em dia são muito materialistas, mas também são alegres, apaixonadas, autênticas e cheias de vida. O problema é que costumamos reservar essa parte de nossas personalidades só para algumas ocasiões. Não seria melhor expressar nossa alegria ou jeito sonhador ou apaixonado o tempo todo? As francesas fazem isso. Elas sabem que, enquanto conversam com um homem (talvez um homem feio, velho ou um tipo de homem que geralmente ignoraríamos), outro homem está reparando nos charmes sedutores dela. Os homens do mundo todo adoram uma competição, e é da natureza humana desejar o que o outro tem. A francesa se permite mostrar seus dons em todas as oportunidades. E esse é o verdadeiro segredo de como ela conhece homens.

Lições de Francês

Saia e pratique a arte da sedução hoje. Pergunte o caminho para algum lugar. Você pode sorrir levemente, mas use seus olhos para se comunicar. Experimente fazer isso por 3 semanas e fique atenta aos resultados. Registre seus triunfos. Isso vai ajudar você a aumentar sua autoconfiança, uma das qualidades mais importantes de ser francesa.

Em seguida, encontre prazer em se vestir bem e ser percebida pelo mundo. Diga não aos homens que te procuram para reviver os velhos tempos, às amizades coloridas e aos encontros que não vão a lugar algum.

E por fim, permita a si mesma mudar sua mente. Ouça sua intuição e abrace uma lógica mais profunda que é sua de direito como mulher.

5

A mulher francesa se sente bem consigo mesma

Imagine acordar de manhã, se olhar no espelho e se sentir confiante e bonita. Imagine amar cuidar do seu corpo com sabonetes deliciosos e cremes aromáticos. Imagine se vestir lentamente para o dia, sabendo sem sombra de dúvida que sim, você é linda de uma maneira única.

As francesas começam o dia assim. Muitas delas vão a um spa de um dia ao menos uma vez por mês para cuidar da pele. Ou a francesa pode fazer seu próprio tratamento facial com ingredientes que tem na cozinha. Ela esfrega o rosto delicadamente com um creme esfoliante de papaia. Escolhe sem pressa a fragrância perfeita para usar na estação atual. Vai a feiras de arte e compra bijuterias que sejam interessantes e combinem com seu estilo. E sim, aprecia todos os prazeres especiais de ter nascido mulher. Ela abraça e celebra os direitos inalienáveis de mulher. *Que coisa mais francesa!*

Quando queimamos nossos sutiãs

No mundo moderno, as mulheres lutaram pela igualdade. Nossas avós e bisavós fizeram passeatas nas ruas nos anos 1920 e nós fizemos outras (ou nossas mães fizeram) nos anos 1960 e 1970. Queríamos um papel no mundo. Lutamos muito pelo direito de tomar as rédeas do nosso destino, de trabalhar em profissões que eram desafiadoras e interessantes, de buscar nossos sonhos, de ter uma boa vida e questionar os estereótipos. É compreensível que, durante essa luta, tivemos que abrir mão de muitas das características que são consideradas "femininas". Queríamos ser levadas a sério e não ser tratadas como "objetos sexuais". E assim, adotamos um ar ligeiramente masculino. Se você pensar nas ombreiras enormes, populares nos anos 1980, sabe do que estou falando.

Ainda assim, ao longo do tempo, há momentos na moda e na beleza em que o visual ultrafeminino volta. Sim, houve épocas em que a moda era se vestir como prostituta de luxo e a moda íntima passou a ser menos íntima. No entanto, no mundo profissional, a tendência ainda é manter um visual neutro, e isso é deprimente. Não há motivo para que até as profissionais mais sérias não alegrem os tradicionais terninhos com um colar interessante ou um lenço colorido e talvez um belo par de saltos.

A mentalidade oito ou oitenta

Se só somos femininas quando saímos em encontros ou fazemos sexo e suprimimos nosso desejo de encontrar a beleza, de sermos bonitas e femininas em outros momentos, começamos a nos sentir um pouco confusas. Nossa identidade de mulher fica um pouco distorcida e isso não ajuda em nada nosso nível de confiança, porque estamos subconscientemente nos convencendo de que ser feminina é ser objeto sexual, um personagem que é revelado com o objetivo de seduzir um homem.

Mas por que não sermos femininas apenas para nós mesmas? É isso que as francesas vêm fazendo há séculos.

Nas palavras do mágico

Esta é a verdade: as francesas não são mais bonitas do que nós. Elas apenas pensam que são. Lembre-se do final de *O Mágico de Oz*, quando o mágico diz para o Espantalho que há grandes pensadores, filósofos e homens brilhantes, e que a única diferença entre eles e o Espantalho é uma coisinha chamada diploma. Um pedaço de papel. E quando o Espantalho recebe seu pedaço de papel, seu "diploma", ele começa a ter grandes pensamentos também. É só uma questão de mudar o conceito que ele tinha de si mesmo. Um pequeno truque psicológico.

Por mais simples que possa parecer, é o mesmo paradigma quando se trata de beleza. Se você acredita que é bonita, você é bonita. É uma pequena mudança no modo de pensar, porque quando você acredita que é bonita, passa a cuidar melhor de si mesma. Você se torna mais consciente, se veste melhor, gasta mais dinheiro consigo mesma. Você sente que é merecedora de todas essas atenções. Você acaba até usando menos maquiagem, porque consegue "ver" a si mesma. Tudo começa com uma pequena mudança. Talvez você possa acentuar seus fabulosos cílios longos com um pouco de máscara. Passe um pouco de gloss. Não passe blush nem sombra azul. Lembre-se, a chave é a moderação.

O visual natural

As francesas são famosas pelo visual natural — usando apenas um pouco de base, um toque de rímel para os cílios e gloss labial. Algumas adotam um artifício para acentuar um atributo particularmente bonito, tal como cílios postiços ou batom vermelho. Ainda assim, menos é mais e a francesa costuma acentuar um aspecto de cada vez. Assim, se ela está usando batom vermelho vibrante, não vai mexer com nada mais no rosto. Ou se está usando delineador e rímel, os lábios ficam neutros.

No entanto, o segredo para a beleza da francesa não está em nada que ela coloca no rosto ou na pele. É o fato de que ela é confiante e feliz consigo mesma. Sim, é verdade: a beleza vem de dentro. Você sempre soube disso. As francesas *realmente* sabem disso.

Aquilo que faz você ficar e se sentir absolutamente linda é seu eu singular, sua expressão de coração e mente.

Uma francesa nos contou o seguinte:

> Acho que a parte mais importante de um relacionamento é manter sua personalidade, viver sua vida e não a vida do seu marido. Você pode amar alguém e amar fazer coisas com ele, mas não pode viver por ele e ele não pode viver por você. Seu namorado a ama pelo que você é, então você tem que preservar esse "o que você é" para sempre...

Ao simplesmente "ser ela mesma", a francesa cria uma sensação de mistério e fascínio. Ela não sucumbe à última moda. E a confiança dela também cria um pequeno desafio para o homem que quer desvendá-la, entendê-la e tornar essa mulher sua. A francesa sabe que o eu natural dela é o eu mais sedutor. E o motivo disso é que, quando não seguimos completamente a maioria e adotamos a última moda, mas sim fazemos alguma coisa de diferente, mandamos o sinal de que não somos tão facilmente dominadas. Dizemos ao mundo que temos pensamento próprio e que somos confiantes o bastante para fazer nossas próprias escolhas de beleza e moda.

No mundo moderno, sucumbimos à ideia de que nosso eu natural não é bom o bastante, e assim exageramos nos cosméticos, colocamos Botox na testa e corremos para cirurgiões plásticos. E no final, todas essas intervenções nos fazem sentir mais bonitas? Mais seguras? Mais sexies?

Recupere a beleza

Eis o que a escritora Camille Paglia disse no site Salon.com, no dia 12 de março de 2008, sobre estrelas de cinema americanas na premiação do Oscar:

> Dava para perceber no grupo banal de jovens atrizes glamourosas no tapete vermelho do Oscar, com seus vestidos secos elaborados por estilistas, os braços ossudos pelo Pilates, os rostos imobilizados e sorrisos afetados e as vozes insípidas e joviais. Todas elas foram ofuscadas em um instante por Marion Cotillard, a vencedora de melhor atriz cuja sensualidade francesa e vitalidade

> borbulhante simplesmente saltaram da tela da TV. Na França, ainda há um misticismo com relação à sexualidade feminina, um magnetismo silencioso que foi completamente perdido nos Estados Unidos, onde pelo menos nossas maiores estrelas de cinema já tiveram isso.

Em seu livro memorável *O Mito da Beleza*, Naomi Wolf diz que "a feminilidade é um código para ser feminina acrescentando qualquer coisa que a sociedade esteja vendendo no momento".

> Se "feminilidade" significa sexualidade e beleza feminina, as mulheres nunca a perderam e não precisam recuperá-la. No lugar onde sentimos prazer, todas as mulheres têm "corpos bonitos". Não precisamos gastar dinheiro nem passar fome, lutar e estudar para ficarmos sensuais; sempre fomos. Não precisamos acreditar que precisamos conquistar bons cuidados eróticos; sempre os merecemos.
>
> Ser mulher e a sexualidade disso são lindos. As mulheres já suspeitam disso há tempos. Nessa sexualidade, as mulheres já são fisicamente bonitas; são soberbas; de tirar o fôlego.

As francesas nunca se esquecem disso. Embora o movimento feminista tenha chegado à França, ele nunca criou o tipo de vazio entre homens e mulheres que existe em outros lugares. Quando entrevistamos homens e mulheres franceses, todos concordaram que a "guerra dos sexos" não existe na França. Há mais uma ideia de companheirismo. Estranhamente, ouvimos a seguinte expressão: *"Não há fenda entre os homens e as mulheres na França.*" Como não falante de francês, o uso da palavra "fenda" para descrever uma separação é curioso, mas também revela como os franceses, até mesmo de forma subconsciente, não querem que nada atrapalhe o amor e o sexo entre homens e mulheres. Não há batalha.

O medo de "desaparecer"

É comum, conforme envelhecemos, que passemos a sentir que estamos começando a nos dissipar, a desaparecer ao fundo, que ficamos longe dos holofotes. E por isso achamos que precisamos de mais máscara, mais batom. Mais. Mais. Mais, porque nos olhamos no espelho e sentimos essa terrível sensação de invisibilidade. Vivemos uma época que não aprecia exatamente *la femme d'un certain âge*, ou uma mulher que não tem 20 anos, não é loura, com seios fartos e corpo de uma menina magrela de 14 anos.

Ou talvez isso não nos descreva em absoluto. Talvez tenhamos ficado tão desencorajadas pela imposição constante da mídia, gritando conosco que precisamos perder 10 quilos, fazer implantes de silicone nos seios, modernizar o guarda-roupa, colocar Botox na testa e "rejuvenescer cirurgicamente" nossas partes pudendas, que desistimos. Decidimos ser completamente naturais. Não vamos mudar nada e apenas nos deixar ser como somos. Isso não seria tão ruim se não significasse não cuidar do corpo, cortar a maior parte do cabelo, ficar grisalha e usar apenas moletom.

Isso não é viver. E não há alegria alguma em ser assim. E no final, a mídia vence e vai continuar a ser o árbitro do gosto e do que é considerado beleza.

Recupere a beleza

Cabe às mulheres recuperar a ideia de beleza, mostrar aos anunciantes, a Hollywood e às revistas de moda que estamos aqui, somos bonitas, existimos em todas as cores, idades, formas e tamanhos, e não vamos embora. Isso é importante. Nossas vidas amorosas estão em jogo. Afinal, vamos deixar a sociedade determinar se somos candidatas viáveis para o amor e o romance? Vamos aceitar a mensagem de que, depois de uma certa idade, devemos pensar mais em fibras alimentares e menos em sexo?

Esse não é o jeito francês! Na verdade, de acordo com um novo estudo de seiscentas páginas sobre a sexualidade na França, patrocinado por um departamento do governo, 90% das mulheres francesas acima de 50 anos permanece sexualmente ativa. (O mesmo estudo descobriu que o número médio de parceiros sexuais das mulheres entre 30 e 49 anos é 5,1. Já dos homens, 12,9.) Isso indica que as francesas claramente preferem a qualidade e não a quantidade quando se trata da vida amorosa, e que conseguem manter a libido em alta na meia-idade.

Vemos *la femme d'un certain âge* em toda França, e a percebemos ainda mais em Paris. Ela usa botas fabulosas, óculos escuros misteriosos. Sim, ela é magra, mas também é sexy. Oh, e ela provavelmente vai estar usando uma saia curta com as botas. Ou talvez ela mostre o colo usando um decote. Ela pode ter mais de 60 anos e mostrar uma confiança que não é nada menos do que inspiradora. E, na verdade, a idade dela só acrescenta à beleza dela. Há uma sensação de fragilidade, talvez, de sabedoria de anos, de sensualidade pela experiência. Há certa beleza mundana que só muitos anos de vida e de amor podem incorporar aos contornos do rosto dela.

Beleza de oportunidade igual

E sim, as adolescentes e jovens de 20 e poucos anos francesas são bonitas também. As garotas que trabalham fora têm estilo. As garçonetes dos cafés têm estilo, graça e atitude. Muita atitude! Mas isso é parte do segredo francês. *Atitude*. Podemos confundir com *arrogância*, mas na verdade é uma forma de confiança, e isso vem de saber o valor de si mesma.

Na França, você verá tributos, como estátuas, monumentos, outdoors, selos postais, todos anunciando e exaltando a beleza impressionante do rosto e das formas femininas. Isso ajuda a aumentar a autoestima da garota francesa.

Os homens franceses tendem a ser mais assertivos, amáveis e paqueradores do que os outros homens em geral. Não estão preocupados com processos por assédio e sabem que as francesas gostam de ser admiradas. Isso também conspira para fazer a mulher francesa se sentir desejada. Elas recebem muita atenção. Mesmo se você hesitar com isso, saiba que é verdade. Todo dia. E apesar de a mulher francesa se vestir bem e cuidar de sua beleza física para si mesma e sua sensação de bem-estar, ela também se arruma para ser admirada pelos homens. A mulher francesa sabe que, quando sai de casa, todos os olhares estarão nela. Ela vai ser admirada, apreciada. É por isso que aprende a andar de cabeça erguida, os ombros eretos. Uma francesa explicou assim:

> Meu tipo de atenção preferida, em geral, é um olhar apreciativo ou um simples "*Charmante*!" ou "*Vous êtes*

charmante, mademoiselle!" (Você é encantadora, senhorita!) Na rua, sempre somos foco de atenção, principalmente se andamos com a cabeça erguida e a postura ereta (como uma bailarina), nos sentindo femininas. E os outros sentem isso também, e ficamos ainda mais bonitas assim.

As mulheres francesas aprendem desde cedo que essas atenções costumam ser inofensivas e participam da sociedade de admiração mútua entre homens e mulheres. Assim, como a francesa recebe muita atenção na rua, ela é cuidadosa com o que decide vestir. Ela se veste bem, até mesmo de uma forma sexy, mas não exagera. Escolhe uma parte do corpo para mostrar, talvez as pernas. Assim, usa uma saia curta e botas, junto com um suéter grande. Ou mostra o colo num decote, mas usa uma saia longa. Ela quer ter atenção, mas o tipo certo de atenção.

E por mais chocante que isso possa parecer, as mulheres francesas gostam de agradar os homens. A boa notícia é que *os homens franceses também gostam de agradar as mulheres!*

Não parece tão ruim, não é?

O que fazer com os homens

Eis o nosso dilema. Podemos celebrar nossa feminilidade, nossa beleza única e podemos nos arrumar, mas imagine que nosso homem não está sintonizado conosco? Imagine que ele aprendeu a guardar os elogios no pensamento?

Muitas de nós nos vestimos para agradar os homens. Sorrimos, fazemos contato visual e usamos nosso charme feminino e ainda assim muitos homens simplesmente nos ignoram. Muitas mulheres falam sobre como, nos dias de hoje, os homens não abrem mais as portas para nós, mesmo quando estamos carregando um monte de sacolas e obviamente precisamos de ajuda!

Ou talvez nós recebamos sim atenção, mas é do tipo errado e é de homens dos quais preferíamos não receber atenção. E os caras legais não querem ser incluídos nesse grupo, então eles pararam de nos elogiar, porque acreditam que não é isso que queremos. Talvez seja por isso que tantas mulheres estão em estado de desespero. Parece que, ao treinar nossos homens para serem menos machistas, arrancamos deles o instinto masculino de predador.

O fato é que os homens ainda querem (e sempre vão querer) nos agradar. Se você conversar com muitos homens, vai descobrir que eles acreditam que nós é que queremos abordá-los. Que não queremos que eles digam nada sobre nossa aparência. Que queremos ser quem os convida para sair. Que queremos tomar a iniciativa do sexo: quando, onde e como. E que queremos tomar as rédeas do relacionamento. Os homens só estão fazendo o que solicitamos.

Talvez isso tenha sido necessário há 40 anos, quando estávamos lutando pela igualdade básica e tentando fazer com que nosso homem fosse um pouco mais sensível, mas agora estabelecemos um padrão no qual fazemos toda a parte da abordagem, enquanto eles se deixam ser abordados. É óbvio que algum tipo de *correção de mercado* precisa ser feita. Então, como podemos mudar as coisas com sutileza para que nossas vidas amorosas fiquem sexies, divertidas e sim, mais francesas? Na verdade, é bem simples. Na verdade, é brincadeira de criança!

Je te suis. Tu me fuis. Je te fuis. Tu me suis.

Eu sigo você. Você foge de mim. Eu fujo de você. Você me segue.

Imagine essa cena. Vemos crianças francesas correndo umas atrás das outras. Primeiro a menina corre e o menino corre atrás dela. Quando ele a pega, a mesa vira e ele foge. E ela corre atrás dele.

E é nesse ponto que estamos agora. Durante a revolução sexual dos anos 1960, dissemos para os meninos que não os queríamos correndo atrás de nós. Dissemos para eles que queríamos sexo, muito sexo, tanto quanto eles, e que nós também conseguíamos separar nossos sentimentos do sexo. Tanta bravata!

Agora os meninos estão fugindo e deixando que corramos atrás deles. Corremos atrás deles há mais de 30 anos. E tem sido fabuloso para eles. Eles não precisam fazer nada além de parar de vez em quando, fingir que foram "pegos" e depois sair correndo de novo assim que as coisas começam a ficar sérias.

Então, o que podemos fazer? Bem, que tal simplesmente "parar"? Não vamos fugir deles ainda. Mas vamos parar de correr atrás deles e apenas ser. Ser o quê? Espertas. Sensuais. Confiantes. Vamos correr só um pouco para longe, para que eles ainda consigam nos "ver".

Encontre inspiração na mulher francesa. Quando ela não tem um encontro, você não vai vê-la se escondendo em casa, chorando em frente à televisão com um saco enorme de Doritos. Não, ela vai para a rua. Ela passeia, vai ao cinema, a cafés, encontra com os amigos para uma noitada interessante. Ou apenas vai caminhar com um amigo. Não corre atrás de ninguém. Ela não vai ligar para alguém por solidão. Mas estará sendo vista de longe. Ela sabe que, se for confiante e firme, logo alguém vai estar correndo atrás dela.

Isso pode demorar para acontecer, mas os homens são muito espertos. Vão perceber e começar a reparar em você antes que você se dê conta. Vão ver que há mulheres por aí, lindas, mas que não estão mais correndo atrás deles. Vão acabar percebendo que não ligamos mais para eles no meio da noite. Não arrumamos encontros para chamar a atenção deles. Não estamos dispostas a aceitar os encontros para recordar o passado. A chave é *mostrar* para os nossos homens que a maré mudou, e não simplesmente contar a eles. Quando estamos lidando com homens, não se esqueçam, as ações falam mais alto do que as palavras.

Antes que você perceba, eles vão entender e começar a ir atrás de nós.

A verdade é que os homens nos amam tanto quanto os amamos. Eles fazem tudo que nós quisermos. Só temos que mostrar a eles o que queremos.

Sentindo-se bem com seu próprio corpo

Os franceses têm uma expressão para isso: *être bien dans sa peau*. Literalmente, significa se sentir bem dentro da própria pele. Mas isso não expressa totalmente o conceito de *être bien dans sa peau*. Essa expressão engloba a forma única com que uma mulher se apresenta ao mundo. Ela tem uma imagem de si mesma, um personagem. Essa imagem, esse autoconhecimento, é revelada em tudo que ela faz: no modo como ela fala, nos gestos dela, nas roupas (ela compra menos do que a maioria de nós, coisas de melhor qualidade, e só peças que ficam bem nela), no guarda-roupa dela, nos acessórios e especialmente na postura dela. Muitas garotas francesas têm aulas de dança, não porque cultivam o sonho de serem bailarinas profissionais, mas porque essas aulas ensinam às jovens francesas uma boa postura, decoro e uma certa dignidade que pode durar para a vida toda.

Eis o que uma francesa disse sobre a importância de manter a cabeça erguida e os ombros eretos:

> Algumas mães insistem nisso quando crescemos, algumas não; ter algumas aulas de balé ajuda, mesmo aprender algum instrumento musical, como o piano, para o qual a postura também é importante. Não futebol! Mas é legal ver que as crianças que fazem aula de futebol são bastante ativas, só não são muito femininas.

Equilíbrio = Felicidade = Beleza

A mulher francesa luta pelo equilíbrio. Ela sabe que, se estiver feliz com a vida amorosa, com o trabalho, com a vida no lar e consigo mesma, vai parecer e se sentir bem com o próprio corpo. Sabe que esse equilíbrio delicado envolve cuidar bem de si mesma. Ela não vê tratamentos de beleza como uma gratificação, e sim como uma necessidade. E não se trata de gastar muito dinheiro.

Ela sabe que o bem-estar físico, mental, emocional e sexual dela estão todos interligados e devem ser tratados com cuidado e atenção iguais. As mulheres francesas sabem que, quando se sentem bem com elas mesmas, ficam confiantes. Quando estão confiantes, o mundo repara e retribui com admiração, e elas ficam mais confiantes, e assim por diante.

É verdade sobre a confiança. Quando entrevistamos homens e mulheres, americanos e franceses, e perguntamos o que torna as mulheres francesas tão incríveis, a resposta que apareceu mais do que qualquer outra foi a confiança e o autoconhecimento delas. E o que é maravilhoso sobre isso é que as francesas não têm exclusividade sobre a confiança. Está disponível para todas. E está na hora de incorporarmos isso.

Menos É mais

Comece comprando alguma coisa bonita para si mesma. Não precisa ser nada caro. Compre apenas um lenço novo. Uma bijuteria barata e original. Vá à manicure. Use um pouco menos de maquiagem (ou um pouco mais, se você não usa nada atualmente). Compre um creme. Recomendo a marca L'Occitane. Demore 10 minutos a mais no tempo total que envolve desde antes do banho até depois do banho. E, por mais cafona que possa parecer, fique em pé em frente ao espelho e diga: "sou bonita". Sabe por quê? Você é. E se eu fosse sua *maman* francesa, eu diria isso a você, independentemente da sua aparência. Esqueça as versões idealizadas de beleza. Se você não tem os lábios carnudos da Angelina Jolie ou o cabelo da Jennifer Aniston, isso não importa. Oh, e já que estamos falando de celebridades, pare de assistir programas de TV que falam sobre elas por alguns meses. As francesas não acompanham as vidas das celebridades, e deve ser melhor para a saúde mental não ser agredida por essas imagens desanimadoras de mulheres "perfeitas" que têm vidas "perfeitas" — até que alguma desgraça aconteça.

Jolie-laide

Essa é a palavra francesa para uma mulher que não é bonita da maneira tradicional. Em tradução literal, significa "bela/feia", mas a palavra significa muito mais do que isso. Significa interessante e bela de uma forma não tradicional.

Que dicotomia fantástica. *Jolie-laide*. Sim, uma mulher pode ser as duas coisas na França! Talvez seja porque o país e a cultura são maduros e as sensibilidades são mais refinadas, ou pelo menos mais complexas. Os franceses entendem que, com a pátina complicada da idade, experiência e traços faciais incomuns (um nariz grande ou um queixo proeminente, olhos um tanto desalinhados, lábios finos demais), uma mulher pode ser cativante. Não bonita. Não feia. Mas bela.

Para os franceses, a beleza não está no óbvio, mas é vista como uma espécie de brilho que resulta de se ter vivido uma vida intelectual e emocional. Os franceses cultivam a beleza da originalidade e da habilidade. Isso leva tempo, porque esse tipo de beleza não pode ser encontrado em um vidro ou tubinho de batom (apesar de eles ajudarem).

As mulheres francesas sabem que ficam mais atraentes quando estão ocupadas e envolvidas com suas vidas e trabalho. São belas quando não estão nem pensando na aparência, mas talvez discutindo apaixonadamente sobre o último livro de Michel Houellebecq ou sobre o segredo para se preparar o *blanquette de veau* perfeito.

Algumas de suas coisas favoritas

Alguma coisa acontece quando começamos o dia tomando um banho exuberante e nos mimando com um cheiroso hidratante corporal ou qualquer um dos maravilhosos produtos da L'Occitane. As francesas curtem o ritual matinal devagar. Talvez não se permitam um longo banho de banheira numa manhã de trabalho, mas têm guardados vários cremes e loções para amaciar a pele, eliminar a celulite, firmar os seios e o bumbum. Uma francesa nos contou que toma uma chuveirada com água gelada no final do banho matinal porque "firma os seios". Esses rituais realmente funcionam? Talvez. Talvez não. Mas pense no que a aromática cerimônia de passar esses deliciosos cremes faz pelo nosso estado psicológico. Nos aproximamos novamente de nossos próprios corpos. Dedicamos um tempo para cuidar de nós mesmas. Redescobrimos nossa singularidade e a maravilha que é nossa forma física. Esse é o primeiro passo para o amor próprio.

Odor e sensibilidade

As francesas amam usar fragrâncias, porque não só o aroma delas serve como uma forma sutil de chamar a atenção de um homem para elas, mas também amam o jeito que isso as faz sentir. Em 1948, Fracas (que significa caos em francês) foi criado pelo *couturier* francês Robert Piquet. Desde então, ele permanece sendo um dos mais adorados e exclusivos perfumes já produzidos. Uma emocionante mistura de tuberosa, flor de laranjeira, gardênia e jasmim, é a fragrância que Madonna, Iman, Sofia Coppola, a designer Anna

Sui e até mesmo Martha Stewart escolheram. Cada uma dessas mulheres o declarou como seu perfume pessoal. Você pode se perguntar como uma fragrância pode ter tamanho impacto na vida de uma mulher, mas as francesas sabem que o cheiro é um dos sentidos mais primitivos e tem a capacidade de mesmerizar e cativar.

O poder da boa lingerie

Agora, com o banho e os mimos, a mulher francesa não pode vestir uma calcinha velha de algodão da vovó. Ela usa lingerie de qualidade. Princesse tam•tam. Aubade. Dim. La Perla. Algumas francesas usam cintas-ligas e meias 7/8 para surpreender seus amantes ou maridos. Ah, e a calcinha sempre combina com o sutiã. Outro segredo francês! Elas sentem que se vestiram com cuidado começando com as peças mais íntimas.

Depois, a francesa pode botar uma *camisole* de cetim. As pernas estão depiladas com cera ou raspadas, mas se o amante dela gosta de pelos nas axilas ou acha pelos pubianos sexy, ela deixa ao natural para agradá-lo. Sim, para agradá-lo. Não há nada de errado com isso. Não queremos agradar nossos amantes? Não queremos que eles nos agradem?

Você se acha! (Nem um pouco)

Honestamente, aos ouvidos de muita gente, isso pode parecer um pouco egocêntrico. Lembro-me de quando fui visitar minha tia (que não pertencia ao lado francês da família) e ela me encontrou segurando minha filha de 3 meses em frente ao espelho, apontando para o reflexo dela e dizendo:

"Essa é você! Olha só! É você!" Minha tia olhou para mim com reprovação e decretou que eu estava ensinando minha filha a ser vaidosa e que nada de bom podia vir do hábito de se olhar no espelho. Eu ri, porque sempre amei me olhar no espelho. Minha avó francesa tinha me ensinado a fazer isso. Quando perguntei isso a algumas francesas, elas disseram: "*É claro que nos olhamos no espelho! O tempo todo!*"

Acredito que um espelho possa ser uma coisa maravilhosa quando usado com amor e respeito e uma dose de autoconhecimento. É uma ferramenta poderosa, porque ajuda você a se ver como o mundo a vê e ajuda você a se julgar sem emoção, mas com honestidade. Porque sim, é verdade em muitas circunstâncias, vemos algo diferente do que o espelho nos mostra, mas acredito que podemos usar o espelho para começar a nos amar. É isso que as francesas fazem o tempo todo. É provavelmente por isso que elas nunca ousariam sair sem estarem bem-arrumadas. E os franceses com certeza vivem em uma cultura visual.

Lições de Francês

Olhe-se no espelho. Pergunte-se qual é sua melhor característica. Seus olhos? Suas maçãs do rosto? Seu colo? Suas pernas? Agora encontre uma forma de acentuar essa linda parte de si mesma. Você poderia usar uma echarpe azul vibrante? Mostrar um pouco do *décolleté*? Usar um pouco de máscara? Usar um par de meias texturizadas? Talvez passar a usar certo perfume, ou mudar o que você usa? Crie um visual único que seja só seu.

Depois faça uma lista de todas as suas qualidades singulares e intrigantes. Isso pode incluir seu sorriso radiante, seus cílios grossos, seu traseiro redondo. Também pode incluir seu conhecimento de russo ou seu dom para o absurdo. Agora, faça uma lista dos seus ditos "defeitos", tal como seu cabelo muito fino, seu nariz meio torto ou seu peito praticamente achatado. Aceite-os e relaxe um pouco. Esses defeitos podem não deixar você bonita, mas podem deixar você realmente linda se você aprender como acentuá-los de um modo que diga que você se ama por ser singular.

Encontre outras maneiras de mostrar que você sente orgulho de ser exótica e de não ser igual a todo mundo. Ouse ser diferente. Ouse ser confiante.

6

Beleza e inteligência

As francesas são bem-preparadas. A escola é bastante intensa e com pouco tempo para atividades extracurriculares. É esperado que as crianças declarem uma trajetória profissional aos 15 ou 16 anos. Por volta dessa idade, o adolescente francês precisa escolher uma ênfase profissional no ensino médio ou numa escola técnica, sendo ou literatura, que inclui duas línguas estrangeiras (todos os alunos começam a aprender uma língua estrangeira no sexto ano e prosseguem até o décimo segundo; uma segunda língua estrangeira obrigatória começa no oitavo ano), ou ciências com foco em matemática, física ou biologia, ou em economia ou ciências técnicas tais como arte e cinema.

Tudo isso aos 15 anos! Por volta dos 12 anos, a discussão sobre o que a criança vai escolher de ênfase profissional começa e a pressão se instala. É verdade que muitos franceses acham esse sistema difícil e rígido demais, porque, afinal, não dá para pesquisar e escolher o que mais gosta. Além das duas línguas estrangeiras, a maioria dos estudantes franceses também precisa escolher se vai aprender ou não latim e/ou grego.

Muito diferente do currículo escolar de muitos países. *Non?*

É claramente uma cultura que valoriza a educação e a inteligência. E quando falamos de educação, não estamos falando só de escola e universidade, mas de um compromisso com aprendizado para a vida toda. O que isso tem a ver com rituais de encontros? Bem, se começarmos saindo em menos encontros e conhecermos nossos namorados, amantes, maridos e companheiros em eventos sociais tais como jantares, vamos precisar de um meio de capturar a atenção de um homem. Porque, na verdade, há uma vantagem no nosso sistema de encontros a dois. Afinal, no contexto de um jantar em um restaurante, temos um público cativo e, mesmo que não sejamos particularmente encantadoras, o homem tem que ficar onde está, pelo menos durante o encontro.

No contexto de um jantar ou qualquer outra reunião entre pessoas de ambos os sexos, temos que ser mais como a mulher francesa e encontrar um meio de chamar a atenção do homem com uma conversa animada, um olhar intrigante, roupas elegantes que sejam exclusivamente nossas, uma personalidade interessante, um dom para flertar e, sim, inteligência. Muita inteligência.

Fique esperta

Se o passatempo brasileiro é falar de futebol, o passatempo francês é falar de bons livros, filmes interessantes e política. O último show no *Beaubourg*? Pergunte a qualquer francês e vão dar uma opinião detalhada. Pergunte sobre o mais recente filme estrangeiro de arte no cinema independente local (os cinemas franceses oferecem filiação anual que permite assistir a quantos filmes quiserem por uma tarifa fixa mensal) e não só eles terão visto o filme e terão uma opinião original como também citarão o que alguma publicação obscura tem a dizer sobre a história. E é claro que nosso amigo francês também leu o livro. Uma francesa que entrevistamos disse o seguinte:

> O francês discute ou debate sobre qualquer coisa se ele discorda. Debatem muito sobre novas leis governamentais, políticos, candidatos políticos dos Estados Unidos, as últimas notícias, aquecimento global, tudo.

Isso significa que as francesas não são sexies?

É claro que não.

Os franceses acreditam que ser inteligente *é* sexy. Eles não escondem o cérebro como costumam fazer em outros lugares. Os franceses não caem na ideia de "loura burra". As louras deles (Catherine Deneuve, por exemplo) são inteligentes e bonitas ao mesmo tempo. Em seu livro engraçado e perspicaz, *A Elegância e os Segredos da Mulher Francesa*, Helena Frith Powell diz: "As francesas veem a severidade intelectual com quase tanta importância quanto o regime de beleza. Não é o bastante parecer sedutora; você também tem que ter cultura."

Os homens podem ficar temporariamente inebriados pelo flerte bonitinho, pelo tipo de garota que diz "*ai, tipo assim, ele é maravilhoso!*", mas a verdade é que uma garota assim logo enche a paciência, independentemente do quanto ela seja bonita. A inteligência dura. A beleza se esvai. Deixe-me corrigir isso. Na verdade, a beleza sozinha se esvai, mas a inteligência mantém você bonita, não importando que idade você tenha. Mais uma vez, vejam Catherine Deneuve, nascida em 1943.

Difícil x Fascinante

Conversamos com uma francesa que morou tanto nos Estados Unidos quanto na França e se envolveu com homens das duas nacionalidades sobre o hábito de entrar em discussões acaloradas sobre arte, cultura ou política e sobre como ninguém leva as discordâncias para o lado pessoal. Ela nos contou que, nos Estados Unidos, as mulheres que debatiam podiam ser chamadas de "difíceis", mas, na França, as mulheres que se engajam nesse tipo de conversa são consideradas brilhantes e fascinantes. Isso significa que as americanas deviam parar de se envolver em debates sobre as coisas que adoram? *Absolument pas!* (De modo algum!) Mas pense em que tipo de discussão você deve se envolver. Por exemplo, se a discussão é um subterfúgio para criticar ou diminuir o homem em quem você está interessada, e se for para o lado pessoal, então você está sendo difícil e implicante. A chave para as mulheres francesas e para a arte das conversas inteligentes é que nada fique pessoal. Graças à contínua influência do filósofo Descartes, os franceses têm uma habilidade única de se distanciar das emoções porque acreditam que, como as emoções vêm de dentro da pessoa, elas podem ser domadas e controladas de forma a não obscurecer o intelecto da pessoa. Por outro lado, Descartes acreditava que havia coisas tais como *la passion*, que é provocada por um evento externo (uma pessoa ou objeto) e que não é controlável. Essa hábil avaliação dos sentimentos é outra indicação de como os franceses conseguem intelectualizar o amor quando é do interesse deles. Talvez seja por isso que a ideia de amantes seja um pouco mais tolerada na França (falaremos mais sobre isso depois). Ainda assim, esse processo de pensamento cartesiano permite que indivíduos muito inteligentes se entreguem ao tumulto de um caso louco e apaixonado.

As francesas são inteligentes até no visual

Na França, há tantas mulheres usando óculos! Pode-se pensar que há uma falta enorme de lentes de contato. Mas não. As francesas gostam de usar óculos. Faz com que elas pareçam ser inteligentes, mas também faz com que fiquem interessantes. E sim, misteriosas. Sabe aquela coisa de bibliotecária? Bem, a francesa sabe que não há nada tão encantador como uma mulher que aparenta ser um desafio. O cabelo dela fica preso num coque, ela usa uma echarpe grossa de seda ao redor do pescoço e óculos bastante modernos (que ela pode ter passado meses procurando até encontrar o modelo perfeito). Ela sabe que o visual intelectual só aumenta seu mistério. Um homem vai querer descobrir o que há por trás daquela aparência intelectual. Como ela fica sem os óculos, com os cabelos soltos sobre os ombros, possivelmente na cama após uma noite de entrega?

As francesas entendem que romance e sedução levam tempo. O amor é um ritual e deve ser apreciado lentamente, assim como uma boa comida. O fato de aparentar ser e realmente ser intelectual simplesmente acrescenta à maravilhosa jornada do primeiro flerte até a consumação e além.

Há uma expressão em francês: *avoir du chien.* Traduzida literalmente, significa ter personalidade forte, mas também implica ser inteligente, sexy e até mesmo um pouco sagaz.

Seja complicada

Muitas de nós temos o problema de "oito ou oitenta". Somos inteligentes e simples ou bonitas e burras. Somos gatas sexies que fazem acontecer procurando o amor ou somos solteironas bibliotecárias que passaram do tempo e ficam em casa com um livro e três gatos. Perdemos a arte da revelação lenta e treinamos nossos homens para pensar que, se uma mulher está disponível, ela vai usar um aviso vermelho de neon (metaforicamente falando), e se não estiver, vai se vestir como se não se importasse mais com aparência e desistiu da ideia de ser bonita, que se aposentou para viver a vida da mente.

As francesas sabem que precisamos dos dois, da vida da mente e da vida do corpo.

As francesas sabem que ficam mais bonitas quando usam o intelecto. Não apenas leem as notícias locais, mas se mantêm atualizadas sobre as notícias internacionais. Elas vão a inaugurações de galerias de arte, leem revistas literárias pouco conhecidas. Elas se encontram com amigos e desenvolvem uma discussão acalorada e apaixonada sobre artes, cultura e política. São cheias de opinião e se expressam com pirotecnia verbal. É tudo parte do jogo.

As francesas não participam de clubes do livro só de mulheres. Elas procuram eventos sociais que envolvam homens e mulheres. A expressão *"vive la différence"* representa verdadeiramente a sensibilidade francesa e como eles gostam de grupos mistos. Homens e mulheres, adultos e crianças, velhos e jovens, urbanos e rurais. Os franceses tiram proveito das diferenças essenciais entre homens e mulheres, e, sim, eles podem ter pequenas desavenças sobre o que os homens querem e o que as mulheres querem, mas a verdade é que isso faz parte do flerte deles. Esses argumentos podem ser subterfúgios para acender uma pequena fagulha no contexto de discutir os méritos literários do último vencedor do *Prix Goncourt* ou o novo livro de Amélie Nothomb ou Daniel Pennac. Ou mesmo por que vale a pena ver o filme mais recente de Olivier Assayas.

As francesas sabem que não há nada mais sexy do que revelar sua paixão em uma arena intelectual, porque é o disfarce perfeito para revelar uma certa intimidade na segurança de uma discussão. Como é deliciosamente frustrante (para o homem) observar uma mulher argumentar seu ponto de vista e até mesmo se emocionar ao tentar explicar como ler Stendhal mudou a vida dela. E, embora uma mulher possa não estar pronta para começar um relacionamento, ela ainda assim cativou um homem, o manteve intrigado pela expressão de pensamento e sentimento. Ele sabe que ela tem uma vida interior interessante e que pensa profundamente sobre várias coisas. Ele descobre como as paixões dela são incendiadas por certos aprendizados filosóficos e literários. Ele sabe o que vai emocioná-la. Talvez compre para ela a primeira edição do livro favorito dela. Talvez procure um poema que expresse os sentimentos, pensamentos e experiências dela. Ao ter essa discussão intelectual, ela está dando ao homem a oportunidade de mostrar que ele está ouvindo e prestando atenção nela. Dá a ele a chance de provar seu valor. E ela está se permitindo tempo para decidir se ele vale a pena. E, nesse meio tempo, não há pressão física. Tudo se passa na vida da mente.

Ganhando o amor da maneira tradicional

Pense na vida de casada. É verdade que, às vezes, durante o começo de um romance, o calor sexual governa o dia. A primeira florescência do amor é poderosa e não é preciso haver muito debate para o romance ter sucesso. Todas as noites (e até mesmo os dias) são passadas na cama com breves intervalos para se obter comida e bebida, e, então, volta-se à paixão. No entanto, um dia a paixão física vai entrar em equilíbrio com as exigências da vida comum. Isso não quer dizer que a paixão tem de desaparecer completamente, mas mesmo os casais mais amorosos dizem que, após anos juntos, aquela sensibilidade selvagem de corações disparados e vontade de arrancar as roupas deve ser apoiada pela paixão intelectual, interesses e desejos compartilhados, espíritos em comunhão e, sim, o velho e bom companheirismo.

Lembra-se do filme *O Último Tango em Paris*? Um americano de meia-idade que não fala francês conhece uma bela e ingênua francesa de 20 e poucos anos que não fala inglês. Eles se encontram em um apartamento vazio e, sem dizer palavra alguma, começam um caso selvagem que é primitivo, instintivo, físico, emocional e muito, muito erótico. Nessa alucinação que é o filme, eles nem sabem os nomes um do outro. Nada é revelado. E ainda assim, tudo é revelado. E a crua sexualidade não verbal é tudo.

No entanto, no final de *O Último Tango em Paris*, o casal acaba revelando seus nomes e histórias. A compreensão súbita e horrível é a de que eles não têm absolutamente nada em comum e a garota corre do homem gritando: *"Tu es fou!"* (Você é louco!)

Esse é um exemplo extremo, mas mostra o perigo de um caso amoroso baseado somente na paixão, sem a intelectualidade. Não há nada que substancie esse tipo de caso amoroso. Não há nada que o sustente na luz cruel do dia. Não há abrigo para a inevitável tempestade que em algum momento atinge até os mais sólidos relacionamentos.

Mude. Mude. Mude.

As francesas são pragmáticas. Elas aprendem desde cedo a não acreditar no mito do "para sempre". É comum que a francesa possa parecer até mesmo cínica quando fala de amor e casamento. Ela pode agir como se não ligasse para nada disso, mas depois ela começa de repente um relacionamento apaixonado e fala dele em termos grandiosos que parecem até mesmo ingênuos. É essa maravilhosa dicotomia que as torna tão intrigantes para os homens.

Sim, todas nós, mulheres, somos cheias de dicotomias e complexidades. Também costumamos mudar de ideia e fazer exatamente o oposto do que dissemos que faríamos. Surpreendemos constantemente, não apenas as outras pessoas, mas a nós mesmas. Isso nos torna menos interessantes? Não. O mundo espera esse tipo de coisa das fêmeas das espécies e até acha nossa natureza inconstante cativante e fascinante. Entretanto, em nossos esforços para avançar no mundo profissional, arrancamos essa incoerência da nossa personalidade. E por que fazer isso em nossas vidas amorosas? Por que não ter certos caprichos se essa for nossa predileção natural? Por que não pensar nisso como um dom maravilhoso e um modo único de pensar em vez de ver como um peso?

Como mulher, é seu direito ser emocional e volátil e, pouco depois, ser friamente lógica e prática. Nosso sexo tem a habilidade única de usar os lados direito e esquerdo do cérebro simultaneamente. Por que não apreciar as vantagens disso? Pode parecer que as francesas (na verdade, as europeias) têm "permissão" para ser bem mais emocionais e apaixonadas do que as outras mulheres. Os homens delas parecem aceitar a natureza volátil delas como parte do fato de serem mulheres. Então, por que não podemos fazer com que nossos homens também sejam tolerantes? Bem, apenas precisamos treiná-los novamente. E o primeiro passo seria nos dar permissão para sermos emocionais e, quando quisermos, friamente racionais.

Aprendizado para a vida toda

Os homens franceses procuram uma parceira para a vida que seja inteligente porque ela será a coanfitriã de todos os jantares. Muitos desses jantares e festas vão incluir contatos profissionais: colegas de trabalho e até mesmo o diretor da empresa e a acompanhante dele. Uma mulher inteligente é uma ótima companhia para o jantar porque é capaz de lidar com situações sociais com calma e graciosidade; mas mais do que isso, ela é boa de conversa e está a par das notícias do momento. A juventude e a beleza podem sumir, mas não há data de validade para o cérebro. E, para ser honesta, não queremos todas passar nosso tempo com um companheiro inteligente?

Mulheres inteligentes são o máximo

Vivemos em tempos economicamente difíceis. Precisamos sobreviver e as coisas são caras. Precisamos estudar e conseguir nos sustentar. A vida é imprevisível demais para esperarmos que um homem vá aparecer para nos resgatar e pagar nossas contas. Além disso, a maioria dos homens, até mesmo os franceses, aprecia uma mulher inteligente o bastante para conseguir trazer recursos para a relação. Por mais não romântico que isso possa parecer, todos os homens pensam nisso quando consideram um relacionamento permanente. Todos querem uma mulher inteligente com potencial para ter um bom salário e ajudar a sustentar a família.

Sabendo disso, não há motivo para esconder sua inteligência. As francesas não escondem. Elas sabem que a cultura e a curiosidade intelectual mantêm os homens fascinados.

As francesas entendem que os homens começam a perder o foco quando percebem que *possuem* uma mulher. Isso acontece porque, quando ele começa a sentir que é "dono" dela, ele fica um pouco entediado. Não há mais caça nenhuma. Portanto, as francesas sempre permanecem um pouco misteriosas, até mesmo para os próprios maridos. Isso pode significar mudar uma rotina, ir a um show novo ou mesmo viajar no final de semana com uma amiga ou um grupo de amigos, talvez para ir a um concerto em outra cidade. Sim, as francesas frequentemente viajam sem seus maridos ou namorados. Elas nunca "se jogam" numa relação, mas sim continuam, no mínimo, espiritualmente independentes. Uma mulher inteligente sabe como mudar a rotina, sacudir as coisas, criar uma atmosfera exótica com apenas uma mudança de corte de cabelo (ou até mesmo ao usar uma peruca), preparar um prato exótico, aprender uma língua estrangeira. Essa mudança sutil é o bastante para alertar o homem dela para o fato de que ele ainda não a decifrou por completo, que ela ainda é um mistério e que, se ele não for cuidadoso e atencioso, pode perdê-la para alguém mais fascinante e dedicado. Seja inteligente, como uma mulher francesa. Leia livros. Assista a filmes. Mude a rotina. Aprenda algo novo.

Lições de Francês

Se você usa lentes de contato, experimente usar seus óculos por uma semana e veja o que acontece. Vá a uma galeria de arte, mas leia sobre a exposição antes. Veja um filme pouco conhecido. Leia um clássico. Vá ao cinema e assista a um filme independente interessante em uma língua estrangeira. Nada de *blockbusters* de Hollywood (ao menos por um tempo)! Leia as críticas e coloque em dia o noticiário internacional. Envolva-se em uma discussão acalorada e apaixonada sobre artes, cultura ou política. Ouse ter opinião. Seja inteligente e sexy.

7

As francesas cuidam do corpo

Enquanto vagava por Besançon, parei em uma *parfumerie*. Há muitas lojas dessas pela França. Elas vendem perfumes, é claro, mas também produtos para cuidados com a saúde, a beleza e a pele. E, na verdade, se você for a uma *pharmacie*, também vai encontrar produtos farmacêuticos e uma grande variedade de perfumes, cosméticos, cremes e produtos para cuidar da pele. Isso é claramente muito importante para as francesas, porque há *pharmacies* e *parfumeries* para todos os lados.

Nessa *parfumerie* em particular, reparei em uma propaganda enorme que dizia: *"Strixaderm-MD Experts en Réparation."* Eu não entendi bem o que isso significava. Mas entendi que Strixaderm era uma empresa de produtos para a pele, com algo de medicinal, e que o produto "consertava" a pele. Isso eu consegui captar. Mas o que me chamou mesmo a atenção foi a imagem. Primeiro, havia uma mulher nua muito bonita. Ela era enorme, do tamanho de um monumento, sentada lá, completamente parada, enquanto muitos homens idênticos de jalecos brancos, usando óculos e com cara de cientistas, "trabalhavam" no corpo dela, consertando-o, acho eu. A mulher era linda, como uma deusa. A pele dela era perfeita. Os braços, pernas, bumbum e quadris nus ocupavam a imagem toda. Os homenzinhos de jalecos brancos estavam espalhados sobre andaimes, cuidadosamente "consertando" a pele dela. Estavam lá para servi-la, para deixá-la bonita.

A imagem me fez lembrar um pouco do maravilhoso filme do Almodóvar, *Fale com Ela*. Há uma sequência de sonho no filme, uma história de um homem que começa gordinho, mas então se apaixona por uma mulher e começa a perder peso. Ele está loucamente apaixonado. No entanto, depois de um tempo fica claro que ele está, na verdade, encolhendo, ficando cada vez menor. O poder do amor por essa mulher está fazendo com que ele suma. No final da historinha dentro da história, ele fica tão pequeno, um homem miniatura, que entra na vagina da amada pela última vez e desaparece para sempre. Soa como um pesadelo freudiano, mas no filme de Almodóvar, é mágico, tocante e bastante poético. Trate-se de uma dramatização de como o corpo feminino é imponente, incrivelmente poderoso e talvez até meio perigoso.

Garotas com superpoderes

As francesas sofrem as mesmas injustiças que nós. Há abuso sexual, estupro e assédio, é claro, mas o sentimento penetrante enquanto se viaja pelo país é de genuína adoração e respeito pelo delicioso poder da forma feminina. Não se esqueça de Joana D'Arc, a santa do século XV e heroína nacional na França. Inspirada pelas visões espirituais quando ainda adolescente, ela lançou o exército francês para a vitória.

As francesas são conscientes do poder delas e principalmente do poder dos seus corpos. São naturais e se sentem à vontade com o corpo, e aprendem desde cedo *à prendre soin de soi* (a se cuidarem). Na verdade, desde a idade de 12 anos, elas usam cremes e hidratantes cheirosos depois do banho. As mães as ensinam a apreciar os corpos e a cuidar deles.

Não há nada vergonhoso em amar e cuidar do próprio corpo. Afinal, ele precisa durar a vida inteira. A *maman* ou a *grand-mère* de uma garota insiste no hábito de cuidar da pele, e ela leva a atitude do cuidado próprio e da atenção para a idade adulta. Na verdade, quando crianças, as garotas francesas ganham óleos e sais de banho de presente.

A mulher francesa ama o próprio corpo e aprecia tudo que ele faz por ela. Ela sabe que precisa cuidar dele, assim como faz com a mente. A França é uma sociedade cartesiana e acredita firmemente no poder da mente consciente. Ao mesmo tempo em que as francesas são apaixonadas, elas também têm consciência dos limites do corpo. Elas pensam antes de agir. Em seu excelente livro, *Mulheres Francesas não Engordam*, Mireille Guiliano fala sobre o quanto as francesas amam comida. Elas amam a boa comida, bem preparada, fresca e prazerosa. Parte da razão para a francesa insistir em comidas boas, frescas e prazerosas é por ela se amar. Ela sabe que a comida boa faz bem a ela, em porções pequenas. Ela acredita na mente sobre a matéria.

Todas lutamos com o problema da mente/matéria. Podemos imaginar a coisa de tal maneira: temos um diabinho em um ombro que diz "Vá em frente e coma aquele bolo de chocolate", e aí o anjo no outro ombro diz "Não, coma apenas algumas cenouras." Essa batalha interna nos leva a fazer dietas rigorosas, o que pode nos levar ao descontrole alimentar. Ou talvez passemos de viciadas em compras que gastam em toneladas de roupas que não precisamos a alguém que corta todos os cartões de crédito e não compra nada de novo. Essa luta é parte de ser mulher, e todas passamos por isso. Mas nossa mulher francesa procura o equilíbrio. Ela sempre se permite um pouco, de forma que tanto o "diabo" quanto o "anjo" fiquem satisfeitos.

A mente/corpo desconectam

O puritanismo pode causar problemas para algumas de nós. Costumamos estar desconectadas de nossos corpos, e isso pode fazer com que nos tratemos mal. E tratamos nosso corpo mal não só com comida, mas com homens.

A mulher francesa, assim como qualquer mulher, de vez em quando leva homens para a cama porque precisam de um consolo momentâneo. Eles satisfazem nossas necessidades primárias de intimidade, conforto e sexo. Orgasmo. Liberação. Durante nossas entrevistas, descobrimos que as francesas diferem das mulheres de outras nacionalidades no quesito "sexo casual", já que elas tendem a ficar menos ligadas ou se apaixonam com menos frequência nesses casos.

Uma francesa nos disse:

> Quando quero um relacionamento duradouro, não dou ao homem o que ele quer imediatamente. Quando sei que não quero um relacionamento ou que é apenas uma noite... o sexo rola com mais rapidez. No primei-

ro caso, tenho que ser desejada, então o homem tem que ter mais paciência comigo porque, na maior parte do tempo, se ele consegue o que quer logo, depois não quer mais nada.

Muito pragmático. E muito francês. Então ela sabe que, se quiser um relacionamento, vai fazer o homem esperar um pouco, e, se ela quiser uma noite de sexo, vai se permitir isso. A distinção é que ela sabe a diferença entre os dois e não tenta transformar a noite de sexo em algo mais do que isso. Na verdade, essa francesa nos contou que, quando tem uma aventura dessas, nem troca números de telefone com o homem.

Ela permanece madura o suficiente para saber que, enquanto o envolvimento aventureiro pode ser momentaneamente satisfatório, não é nada para durar muito tempo.

Indo devagar

O ritual de cuidar do corpo e da pele é simplesmente uma parte da rotina da mulher francesa.

Os homens franceses não reclamam do tempo que uma mulher gasta cuidando do corpo. Na verdade, eles entendem isso como parte dos mistérios e delícias de viver com uma mulher. E a verdade é que as francesas gastam menos tempo com os cabelos do que muitas de nós. Elas não se prestam a horas passando xampu, secando o cabelo com secador e ajeitando-o. Preferem deixar os cabelos mais ao natural.

No entanto, como mulheres, precisamos gastar mais tempo com nossos corpos.

Você talvez ache que nunca vai conseguir treinar seu homem para aceitar e entender seu direito de passar bastante tempo no banheiro. Como você poderia explicar para ele que a arte de cuidar do seu corpo é essencial para seu bem-estar? Talvez a chave seja mostrar a ele que também é essencial para o bem-estar *dele*. Pense no tanto que os homens evoluíram no que diz respeito a apreciar uma bela lingerie.

Nos anos 1960, protestamos contra a guerra do Vietnã, nos recusamos a confiar em pessoas com mais de 30 anos e dissemos que queríamos ser completamente *naturais* (Seja lá o que isso significasse.) Na verdade, isso significava que não queríamos ser como a geração de nossas mães, com penteados bufantes e anáguas. Jogamos nossos sutiãs no lixo e deixamos o cabelo crescer... em todas as partes. No entanto, nos anos 1980, fizemos mestrado e começamos a trabalhar. Usamos terninhos com ombreiras e à noite, na discoteca, usamos nossa lingerie como se fosse roupa, com sapatos de salto e meias soquete inspirados na Madonna. Nos anos 1990, adotamos a cultura da Victoria's Secret e decidimos que alguns artifícios eram uma coisa boa.

Mas sempre fomos sexies

Ao longo das gerações, éramos sexies. Sim, mesmo quando usamos aqueles ternos com as ombreiras gigantes e parecíamos jogadores de futebol americano com diploma de advogado. Os homens nos achavam sexy. Basicamente, os homens amam tudo o que fazemos, desde que nos faça sentir confiantes e bonitas, e desde que eles saibam que isso vai nos levar a mulheres felizes e a sexo de qualidade. Então, se você adotar o hábito francês de demorar mais no banheiro, seu homem vai ver os benefícios disso e vai entender. É verdade. Conversamos com muitos homens sobre isso e a maior dificuldade para eles com a nossa demora para tomar banho e nos arrumarmos é que toda a atenção que damos aos nossos rostos e corpos não necessariamente nos leva a ficarmos felizes e nos sentirmos sexies e satisfeitas. Em vez disso, saímos do quarto em lágrimas, perguntando: "Essa roupa me deixa gorda?"

É isso que acontece quando caímos na cultura da transformação pelo consumo. É o mito da Cinderela mostrando seu lado feio. Acreditamos que, se comprarmos um creme caro ou começarmos a dieta rápida, ficaremos felizes. Ficaremos sexies. E nosso homem vai nos amar. O problema é que esse estado ideal de perfeição está sempre fora de alcance. O mundo consumista quer que seja assim porque aí compraremos mais produtos, continuaremos buscando e jamais desistiremos.

E não vamos parar de gastar. Enquanto isso, os homens em nossas vidas se sentem negligenciados. Talvez até irritados. Ensinamos a eles que cuidar de nós mesmas não leva a mais intimidade, confiança ou a uma sensação de poder feminino. Leva a menos intimidade e mais insegurança. E, então, eles dizem *basta!* Ou compram lingerie para usarmos numa ocasião especial e vamos permitir isso por uma noite, desesperadamente tentando bloquear nossos sentimentos de carência, bebendo champanhe demais e fazendo tudo que pudermos para ignorar nosso excesso de peso ou seios pequenos ou aquela celulite nos nossos *derrières*! Mas sabe de uma coisa? Os homens não ligam para isso, principalmente um homem que ama você. É coisa da sua cabeça. É por isso que os homens ficam impacientes com nossa demora e com nossa preocupação com a aparência, porque não leva a uma vida amorosa melhor.

Temos que repensar nossas rotinas de beleza. Em vez de usar o banho como uma oportunidade de repassar nossos defeitos, por que não fazer o que as francesas fazem? Por que não usar os rituais matinais como oportunidade para o amor-próprio e para aumentar a autoconfiança? Compre um hidratante cheiroso e demore passando-o em seu corpo. Conheça seu próprio corpo. Olhe-se nua no espelho e aprecie suas curvas e linhas. Faça isso por alguns meses e seu homem verá o resultado: você vai se sentir mais sexy, mais viva e mais interessada nos prazeres da carne.

Lições de Francês

Comece seu dia com um banho quente, mas se tiver tempo, tome um banho de banheira. Compre sabonetes cheirosos e use um hidratante em seguida. Experimente gastar menos tempo no cabelo e mais tempo no corpo e na pele. Substitua as palavras negativas para si mesma por um pouco de amor-próprio. Ande pela casa nua quando puder e conheça e se sinta à vontade com seu corpo. Compre lingerie sensual. Por fim, dê prazer a si mesma quando precisar, ou, como as francesas disseram, "não há mal algum em se fazer sentir bem". E ambicione ter um amor que valha a espera.

8

A conexão francesa: lingerie

A força da combinação

É verdade que temos ótimas marcas de lingerie aqui e usamos roupas íntimas sensuais de tempos em tempos, principalmente para noites românticas, mas nossas irmãs francesas usam lingerie sexy todo dia. Na verdade, todas as mulheres que entrevistamos enfatizaram a importância de boas roupas íntimas, mas o que foi mais surpreendente foi a noção de que os sutiãs e calcinhas *precisam combinar.* Sim, eles têm que combinar, de acordo com as francesas. Para tanto, elas compram três calcinhas para cada sutiã. Quando dissemos para elas que nossos sutiãs e calcinhas só combinam de vez em quando e que geralmente isso é apenas coincidência, elas sacudiram a cabeça e perguntaram como podíamos fazer isso. *É como usar um sapato preto em um pé e um marrom no outro!*

Como é que combinar calcinha e sutiã pode desenvolver a autoestima da mulher francesa? Talvez o que copiamos do site da "Fédération Française de La Lingerie" possa nos ajudar a entender. Eles dizem que desenham lingerie (a parte a seguir foi traduzida do site) *"para mulheres hedonistas, exigentes e livres, determinadas a serem elas mesmas, mas sem abandonar a sedução... lingerie que reconcilia o corpo com a mente, refletindo a beleza interior, uma emoção que dá às mulheres elegância e uma sensação de bem-estar, tornando-as radiantes pela beleza e naturalmente sedutoras."*

É claro que tem uma boa dose de marketing aí, mas você poderia imaginar um anúncio qualquer dizendo diretamente que a lingerie "reconcilia o corpo com a mente"? Seja verdade ou não, o desejo de fazer isso é essencialmente francês. E não é uma coisa que gostaríamos de fazer mais? Talvez a lingerie possa ajudar.

Faça por você mesma, por seu corpo, por sua mente

As francesas adoram boa lingerie. É um prazer delicioso e secreto, não uma coisa que elas compram para os amantes ou maridos, mas sim para elas mesmas. Uma boa lingerie as faz sentir sexies e confiantes. Por que esperar para usar só nas ocasiões especiais? Na verdade, os franceses não acreditam no conceito de guardar as melhores coisas que têm para usar com convidados ou em ocasiões especiais. Assim como os franceses comem boa comida todo dia, e não só quando recebem, as francesas usam lingerie bonita todo dia.

O contrassenso em esperar uma ocasião especial

Você já fez isso? Comprou uma camisola preta sexy de renda e guardou, esperando pelo dia que tivesse um namorado? Aí você acaba ficando ocupada e se esquece da camisola no fundo da gaveta. Quando você se lembra, já está namorando há 3 meses e se acostumou a ficar de pijama, e aí seria estranho se de repente aparecesse de camisola preta de renda. Ele poderia acabar pensando que você estava tendo um caso com outro homem. Esse é o problema de guardar as coisas bonitas para um dia de necessidade. Seja lingerie ou o jogo de chá de prata que sua avó lhe deu, você acaba até esquecendo que tem.

Nós nos acostumamos a só usar as coisas do "dia a dia", e nossa autoestima despenca. Merecemos ser cercadas de qualidade e beleza todo dia, e isso aumenta nossa confiança porque quanto mais apreciamos as coisas boas, mais começamos a sentir que merecemos essas coisas. E elas nos fazem sentir maravilhosas.

A lingerie pode não ser visível do lado de fora, mas, quando você usa belas peças íntimas, você sabe. E de alguma forma o resto do mundo também sabe. O segredo é usar todo dia, para que você redescubra sua própria sensualidade, só para você mesma. Ninguém vai julgar você. Pode ser seu segredinho. Está na hora de acabar com a mentalidade de "uma coisa ou outra": usar calcinha de algodão todo dia e o conjunto de corset de Fredericks of Hollywood com botas de couro até as coxas e braceletes de couro nas ocasiões especiais. Não é de surpreender que nos sentimos nervosas, um pouco em conflito e não completamente à vontade com nossa sexualidade.

Não é o sutiã, é a mulher dentro do sutiã

A verdade é que a lingerie por si só não é tão importante quanto a mulher que a estiver usando. Sutiã e calcinha combinando, cintas-liga, camisolas de cetim são apenas meios para chegar a um fim. Elas existem para fazer você se sentir sexy e confiante com seu próprio corpo. Eis o que uma jovem francesa que agora mora nos Estados Unidos nos enviou por e-mail:

> A lingerie é importante, mas não é tudo. Às vezes, não uso sutiã, isso faz sucesso.
>
> Na França, eu diria que as marcas de lingerie atingem as mulheres diferentemente, dependendo da idade e do gosto. Não gosto de roupas de baixo cheias de frufru, então gosto mais das marcas Princesse tam•tam ou Victoria's Secret.
>
> Às vezes uso um sutiã com enchimento, mas não é uma coisa muito importante. Não acho que a lingerie faça a diferença. Se o cara vê sua lingerie, isso significa que ele já está na sua cama!
>
> Então, talvez não usar sutiã seja uma boa ideia (se você puder!)...
>
> Quanto a ficar bonita, você pode ficar sexy mesmo se não tiver o "vestido preto perfeito". Quando quero ficar sexy, mostro uma parte do meu corpo, mas não tudo ao mesmo tempo (a barriga, as pernas, os seios).

E agora, com a mágica dos pedidos on-line, experimente algumas destas marcas: Dim, Aubade, Princesse tam•tam, Barbara, La Perla, Kookai e, é claro, marcas nacionais também. A marca Dim vende meias-calças 7/8 fabulosas chamadas "Dim Up", que ficam no lugar mesmo sem cintas-ligas, mas com um elástico na renda que se prende às coxas, e que são muito confortáveis. Tem de todas as cores. São bastante populares na França porque não apenas são muito sexies, mas são práticas. Uma francesa que mora no exterior disse o seguinte sobre essas meias:

ADORAVA essas meias. Não precisa ficar tirando e colocando sempre que for ao banheiro, são sensuais, e dão a sensação de ser uma mulher fogosa! É muito popular entre as francesas! E custam um pouco mais do que uma meia-calça comum.

A femme fatale

Quando dizemos "femme fatale", imediatamente pensamos em Sharon Stone em *Instinto Selvagem*. Não é assim na França. Lá existem há tempos várias mulheres fortes tais como Fanny Ardant, Emmanuelle Seigner e muitas outras.

Os franceses veem a arquetípica femme fatale como uma mulher encantadora e sedutora. E perigosa também. E é isso que a torna ainda mais intrigante: é um pouco maliciosa e misteriosa. Ela é irresistível para os homens e pode levá-los a fazer coisas comprometedoras, forçando-os a cair de joelhos e fazer o que ela mandar. Nos filmes *noir* e na literatura, ela é a sedutora, a encantadora, e até mesmo a feiticeira.

A femme fatale francesa moderna pode ser vista em muitas propagandas de lingerie. Ela costuma ser a que usa renda preta, o corset. Talvez esteja segurando um chicote de montaria de maneira provocativa, a ponto de levar os homens a fazerem cara de dor *un petit peu* (de leve). Os franceses são muito adultos quanto a esse tipo de coisa. Há referências sutis a sadomasoquismo e sexualidade, mas isso não é tratado como algo pervertido, como cochicho de crianças no pátio da escola no recreio. Na verdade, a sexualidade é respeitada pelo seu poder.

Em minha recente visita à inauguração de uma Galleries Lafayette em Lille, fiquei surpresa com o departamento de lingerie no andar principal da loja. Havia vários manequins vestidos com roupas sutis com referência a S&M, uma com um chicote de montaria, uma usando uma máscara no rosto e correntes nos pulsos. Ao passear pelo departamento, reparei num mostruário elegante de brinquedos sexuais num canto. Sim, vibradores em uma loja de departamento! Vou dizer uma coisa: eram bem sutis e de aparência agradável, mas ainda assim...

Faça parecer fácil

As francesas nunca parecem estar se esforçando muito. Por exemplo, uma francesa escolhe com cuidado um item que a deixa sexy e pega leve no resto do visual. Ela pode usar uma blusa transparente com uma calça jeans. Ou pode usar uma saia de couro com uma blusa larga de tricô. Uma francesa que entrevistamos explicou assim: *"O efeito é altamente intrigante, porque o homem não consegue ter certeza se você está se vestindo para seduzir ou se é assim que você sempre se veste. Há um ar de mistério nesse modo de se vestir."*

Toda garota precisa de um subterfúgio

E por que esse mistério é importante? Por que é importante sempre usar boa lingerie e sempre acrescentar um pouco de mistério e sensualidade às roupas? Bem, isso lhe dá uma "cobertura". Por que o homem deveria saber exatamente quais são suas verdadeiras intenções? Faz parte da arte do amor. As francesas gostam de ir devagar quando se trata das seduções delas. Portanto, ao mesmo tempo em que elas podem usar alguma coisa que é um tanto sexy, é apenas o bastante para atrair a atenção de um homem num nível subconsciente. Ele não faz ideia do que suas roupas realmente significam. Ele não tem como saber que você tem planos para ele, e, então, vai ter que fazer um esforço para que você repare nele. Vai ficar intrigado quando você entrar no recinto. E vai até talvez ficar um pouco incomodado quando outro homem reparar em você.

Ao se vestir para o romance todo dia, você começa o processo de integrar seu lado sensual no seu lado do dia a dia. Você anda com um gingado diferente, principalmente se estiver usando saltos ou sapatos de verdade, e não tênis ou chinelos. É claro que as francesas usam All Star Converse, mas só se for a última moda, de uma cor especial. É uma atitude de moda. De modo geral, usam sapatos pretos ou marrons, de saltos.

Tente fazer uma experiência: largue os tênis por alguns dias e use um bom par de sapatos com saia. Quando for a algum lugar, estacione o mais longe possível e ande. Isso é saudável para você, mas também faz muito bem, tanto psicológica quanto fisicamente, para sua sensação de estar conectada à terra, de estar com os pés no chão de verdade. Se você mora em algum lugar onde todo mundo anda de carro, isso é particularmente importante. Com o tanto que andamos de carro, nossos pés nunca têm a chance de se conectar completamente com a terra. E, por causa disso, nossos corpos e nossas mentes se desconectam um pouco um do outro. Quando você anda mais, também repara mais no mundo. Aprecia o ambiente ao seu redor. Você também repara o quanto aquela loja no final da rua nem fica tão longe. Só parecia ser quando você ia de carro por causa do "anda e para" do tráfego.

É fácil se perder na própria mente

Muitas de nós trabalhamos no computador o dia todo, vamos dirigindo para todos os lugares e nossa vida física se resume ao tempo que alocamos para os exercícios, seja numa academia, num aparelho ou num tempo específico para andar ou correr. Mas isso não é o melhor meio de conectar o corpo, a mente e o espírito. Isso é pegar o corpo e metaforicamente levá-lo para uma corridinha de coleira num jardim cercado. Esse tipo de atividade física é desconectado de nossas vidas intelectuais e espirituais. Esse afastamento entre mente e corpo pode levar a todo tipo de problemas. Enchemos nossos corpos sem pensar porque nunca nos sentimos completamente satisfeitos. Ou paramos de prestar atenção ao que estamos vestindo quando saímos pelo mundo porque não "vemos" mais nossos corpos. É claro que não nos divertimos tanto ao escolher roupas para vestir se vamos de carro para todos os lados. Sim, queremos limitar nossa emissão de dióxido de carbono, mas considere outra razão para caminhar: somos vistas com as nossas roupas. Percebemos que recebemos *o olhar*. E isso nos inspira a cuidar de nossos corpos e nos divertir ao nos vestir.

Por que dirigir é perigoso

Se dirigimos para todos os lados, perdemos a noção do nosso próprio corpo. Começamos a ver nosso exterior como sendo de metal e cromo. Percebi isso quando morei em Los Angeles, a rainha na cultura motorizada. Eu via mulheres saindo de Porsches, BMWs e Range Rovers novinhos e brilhantes usando roupas de elastano que pareciam roupa íntima. Depois de um tempo, percebi que passavam tanto tempo no carro, atrás de vidros escurecidos, que acabavam vendo os carros como "roupas", e era por isso que não sentiam a necessidade de usar boas roupas quando estavam dentro daquele exterior cromado.

Talvez façamos exercícios, mas não é algo prazeroso, porque *dirigimos* nossos corpos. Enfiamos nossos iPods nos ouvidos e nos desconectamos das pessoas à nossa volta, talvez até potenciais amigos e amantes. E a malhação acaba sendo uma coisa que beira a punição. No entanto, se começarmos a caminhar e partilhar dos prazeres de vermos e sermos vistas, vamos descobrir os charmes do homem que nos atende na agência dos correios. Vamos parar para experimentar aquela maravilhosa fragrância na perfumaria do bairro. Vamos nos habituar a dar uma espiada na livraria alternativa. Ao fazermos isso, reconectamos o corpo à mente e ao espírito. E mais do que isso, nos ligamos mais ao planeta. Começamos a desenvolver uma noção de comunidade, descobrindo interesses comuns com os vendedores de lojas das redondezas, flertando com o homem atraente na papelaria, conversando sobre política local com a garota na loja de consignados. Então, existir no mundo leva não só a uma vida melhor para nós, mas para todo o planeta.

A cada dia você inspira alguém

Quer você saiba ou não, a cada dia você tem a oportunidade de inspirar alguém, de mudar a vida de alguém para melhor. Quer saiba ou não, você é um exemplo de como existir nesse mundo. E, sem nem saber, você pode ser a mentora de uma mulher mais jovem. Portanto, se não quer ficar bonita para si mesma, ou mesmo para seu amante/marido/namorado, então, fique bonita para a próxima geração.

O mundo é um palco

As roupas fazem sim o homem (e a mulher). E as pessoas julgam um livro pela capa. Suas roupas representam como você se vê no mundo, talvez na sua profissão, esteja você a caminho de uma reunião informal ou de um evento sério. Centenas de livros foram escritos avaliando o significado de figurinos e roupas. É certo que as roupas são usadas para indicar nível e status sociais. Os figurinos são usados no teatro e no cinema como um símbolo para indicar que papel um personagem terá na história.

A vestimenta é uma forma de fantasia. Temos uma reação visceral às vestimentas. Quando vemos um espartilho antiquado como cinta-liga prendendo meias transparentes, talvez tenhamos uma imagem repentina de nossa mãe se vestindo de manhã, sentada em frente à penteadeira, puxando uma meia. Temos 6 anos e estamos na porta, espiando escondidas, enfeitiçadas por esse ritual misterioso e adulto. Ou talvez seja a coleção de gravatas do nosso pai. Tantas cores e tecidos. Ele nunca joga fora uma gravata, e há uma fileira delas, das grossas às finas, das de lã às de seda. Algumas gravatas ele usa o tempo todo, algumas você nunca o viu usar. Você se pergunta de onde veio aquela gravata com estampa de cachorrinhos. Foi presente de alguém que adorava cachorros? Talvez tenha sido presente de alguma mulher que ele namorou antes de conhecer sua mãe. Cada gravata tem um pequeno mistério. Uma pequena história.

Você jamais vai esquecer uma coisa que sua melhor amiga da escola vestia, aquela saia vermelha xadrez de estudante católica com alfinetes de fralda de cima a baixo. O cabelo pintado de rosa, o piercing na língua.

Ou talvez ainda se lembre do dia em que foi visitar sua irmã na faculdade e ela estava usando um vestido *vintage* dos anos 1940. Ela o comprou num brechó em Baltimore. Era um vestido vermelho justo de seda que a fazia parecer mais com Elizabeth Taylor em *Gata em Teto de Zinco Quente* do que com uma universitária. Vocês andaram até uma lanchonete chamada Hon's para tomar café e comer uma fatia de torta, e ela contou que se apaixonou por um estudante de arquitetura e planejava usar o vestido em uma festa no Copy Cat Building no sábado seguinte. E agora, anos depois, ela está casada com aquele arquiteto e mora em São Francisco.

A linguagem secreta das roupas

As francesas entendem a atração das roupas e o poder que a combinação correta tem de inspirar fantasias. Com a combinação certa de um visual clássico e simples e algo bastante original, talvez exótico ou *vintage*, a francesa tece seu encanto e gentilmente cutuca o subconsciente do homem, silenciosamente prometendo a ele possibilidades, aventuras, alguma coisa diferente e proibida.

Pense naquelas fabulosas botas curtas de amarrar que você tem. Você pode insistir que não passam de um par de botas divertidas que são um pouco sexies, mas em algum nível você sabe o efeito que elas têm nos homens. As fantasias fetichistas aparecem. Ou talvez ele a veja como uma heroína de Edith Wharton, e as botinhas sejam algo que ele imagina acompanhadas de uma longa saia de gabardine quando você sai de uma carruagem puxada por cavalos. Como você pode ver, toda roupa é repleta de significados mais profundos e de diversas referências literárias e culturais. As francesas sabem disso e sabem do poder que as roupas, as joias, os perfumes, a lingerie e os acessórios têm de evocar sentimentos mais profundos e não verbais. As francesas sabem que uma combinação vermelha escondida debaixo de um vestido simples preto pode ter um efeito arrasador em um homem. Elas sabem que o homem nem precisa ver a combinação vermelha. Só o fato de ela estar lá vai criar uma aura.

Todo homem é vidente quando se trata de roupa íntima

Sem nem ver, eles simplesmente sabem.

E agora que você sabe disso, sua tarefa é simples: esteja consciente disso. Quando escolher o que vai usar em determinado dia ou noite, escolha algo simples. Use uma calça jeans ou uma saia preta básica, uma camisa branca ou um vestido preto clássico. Depois, procure aquele item em especial que vai criar sua fantasia. Os homens vão começar a sonhar com viagens quando você usar aquele colar marroquino que comprou em um mercado de pulgas. Coloque uma echarpe transparente de seda em volta da cintura, e seu homem pode começar a sonhar com haréns. Ou crie uma aura de filme *noir* e use as botas de couro preto com as meias pretas transparentes. Um pouco de S&M? Use aquele suéter com fivelas em vez de botões. Um longo colar de pérolas pode fazer você parecer uma cantora de cabaré. Use um par de óculos escuros e um sobretudo clássico, e, de repente, você o faz pensar em uma agente secreta.

Basicamente, você está apenas usando o poder do teatro e do figurino para criar um clima. A França é uma cultura teatral. A sutileza é a chave, porque, se você insinuar uma fantasia, um personagem ou uma época literalmente demais, o jogo fica óbvio. Por isso, é preciso fazer com muito cuidado. A ideia é começar com uma paleta bem básica: boa lingerie, saias simples (de cores escuras), jeans, vestidos, calças e blusas. Depois, acrescente acessórios (suéteres, echarpes, joias, jaquetas, cintos, botas e sapatos) que criem um ponto focal e revelem sua individualidade. O acessório que você escolher pode se tornar parte do seu visual único, mas saiba que, depois que tiver um "visual", você pode fascinar seu homem ao mudá-lo de repente.

Sabedoria das francesas: para deixar um homem fascinado, é preciso mudar

Uma amiga francesa chamada Marie-Joëlle demonstrou verdadeiramente o poder disso. Ela é uma mulher bonita e nos contou como muda o perfume de acordo com a estação do ano. Assim como, no verão, ela faz refeições mais leves (mais legumes, saladas e sopas), ela também usa um perfume mais leve quando o tempo fica mais quente. Todos os dias durante nossa visita, ficávamos maravilhadas com a forma como ela mudava o visual. Um dia ela usou uma saia de veludo sedutora e incrivelmente romântica em um tom avermelhado, e no dia seguinte ela estava linda, como uma cantora de hip-hop, usando grandes e ousadas bijuterias douradas, uma calça bacana e tênis All Star Converse dourado. Sim, All Star dourado. E ela ficou linda. Encantadora. Ousada e bela.

Para essa francesa, todo dia era uma oportunidade de assumir um papel, de ser diferente, de se reinventar, tão sutilmente que ela mantinha o marido mais novo (e acho até que todos os homens na cidadezinha dela) sempre alerta!

Esse jeito de se vestir para o romance, de mudar de acordo com as estações e com nossas excentricidades, não é exclusividade das francesas. Todas nós mulheres sabemos ser teatrais. Sabemos ser sexies. Aprendemos a nos vestir para sermos bem-sucedidas, para que possamos progredir em nossas carreiras. Para ser mais como uma mulher francesa, apenas precisamos começar a nos vestir para o romance, quer estejamos no trabalho ou em casa, ou apenas indo fazer compras, porque a vida é romântica se quisermos que ela seja.

Por que não redefinir a ideia de se vestir para ser bem-sucedida? Redefina o que o sucesso significa para uma mulher, cuidando do corpo e da mente. Use roupas que a fazem se sentir não apenas bem-sucedida, mas também sensual.

Lições de Francês

Jogue fora as calcinhas de algodão e invista em lingerie de qualidade. Compre três calcinhas para cada sutiã. Certifique-se de que combinem.

Use salto alto para ir à farmácia. Pratique a boa postura — sim, até mesmo de salto alto.

Olhe para seu armário e separe as roupas básicas e clássicas dos acessórios. Classifique os acessórios de acordo com as fantasias e combine-os com peças básicas para criar um visual que seja só um pouco teatral. Imagine que você não é apenas uma mulher, mas sim "Mulher"!

Você faz a diferença. Apenas sendo você mesma, você é inspiradora e até muda a vida das pessoas. Você é mentora e modelo. Vista-se de acordo.

9

O poder do grupo

Em vez de sair no típico encontro de duas pessoas, imagine o seguinte: nossa irmã francesa é convidada para a inauguração de uma exposição de arte no Musée Maillol, na qual haverá os mais recentes trabalhos de um amigo dela. Há muitos membros do grupo de amigos dela presentes: uma velha amiga dos verões em Montpellier, o cara do escritório dela, o ex-namorado com quem ela ainda se dá muito bem e o cavalheiro mais velho do clube do livro. A inauguração da exposição é o "disfarce" perfeito para nossa francesa. Ela usa peças maravilhosamente combinadas: o vestido preto favorito, uma echarpe vintage Hérmes e o sapato de salto alto vermelho e sexy. Ela desliza pelo salão, confiante. Não está lá para conhecer *l'homme de ses rêves* (o homem dos sonhos dela). *Mais non!* Na verdade, ela apenas está lá para admirar o trabalho do amigo. Com isso claro, ela pode ir de um lado a outro e conversar com todo mundo.

Enquanto isso, ela está circulando, admirando a arte, conhecendo novas pessoas e praticando suas manobras femininas. Esse evento serve para vários motivos. Primeiro de tudo, nossa francesa é vista como alguém apaixonada pela vida e pela arte. Ao mesmo tempo, é notada pela beleza, pelo papo animado, pelo intelecto. Essa inauguração de exposição dá a ela uma oportunidade de se arrumar e ficar encantadora, mas sem a ideia de que ela está "atrás" de alguém ou de alguma coisa. Está apenas sendo ela mesma. E, ao fazer isso, o número de admiradores masculinos dela não para de crescer. O motivo disso é que, enquanto ela conversa com um homem do grupo dela, há outro cavalheiro, talvez alguém que ela nem conheça, reparando nela do outro lado do salão. Ele terá a oportunidade de observá-la em uma situação de grupo, conversando, rindo e aproveitando a vida. Não há nada mais intrigante do que uma mulher envolvida em seu mundo. Apaixonada e dedicada à vida.

Toda garota precisa de um grupo. Alguns podem chamar de gangue ou galera. Ou mais provavelmente de grupo de amigos ou pessoal. Qual é o propósito de todos esses amigos e seguidores? Eles nos dão uma vida social. Nos fazem sentir bem. Nos levam para o mundo. Mantêm nossa agenda cheia de oportunidades de vermos e sermos vistas. As francesas entendem a importância de um grupo no nível intelectual. Sabem que, se estão cercadas de um grupo de amigos e admiradores masculinos, vão atrair mais amigos e mais admiradores masculinos. Os homens em particular são espíritos muito competitivos e querem o que os outros homens têm, então, se você apenas parece ter a atenção de alguns homens, mais virão.

Outra francesa, Isaure, nos contou sobre duas séries de TV a que assistia quando era adolescente. Uma era chamada *Hélène et les garçons*, e a outra, *Le Miel et les Abeilles* (que significa "O Mel e as Abelhas"). Nessa série em particular, as "abelhas" eram os rapazes que giravam ao redor do mel, a garota. As duas séries tratavam de histórias de grupos de amigos. O primeiro grupo tinha Hélène como personagem principal, e outros três ou mais amigos homens; o outro tem uma garota ou duas, mais uma vez com um grupo de pretendentes. Isaure diz que isso parecia perfeitamente natural para ela e que na verdade ela tinha um grupo de amigos próximos que eram meninos. Ela os chamava de *mes garçons* por causa do programa de TV.

A noção de um grupo é tão enraizada na mente francesa que eles nem percebem que têm uma coisa assim. No entanto, quando perguntamos sobre a razão para raramente terem encontros a dois e preferirem se socializar em grupos mistos, ficou claro. As francesas sabem que são mais desejáveis quando são vistas no contexto de uma noitada em grupo. Elas podem se vestir um pouco sexy, mas nenhum homem em particular vai pensar "*Ah, ela está fazendo isso por mim.*" Ela é vista se divertindo, sendo feliz e flertando. Mas, com o grupo por perto, nenhum homem pode ter certeza de seu lugar no coração dela. Ele tem que esperar e ver, e sim, competir. Dessa forma, ela pode ver mesmo que tipo de homem ele é e se está disposto a ir longe ou se vai desistir rapidamente e prestar atenção a outra garota no grupo. Pense em o quanto mais poderosa a francesa deve se sentir quando está cercada de possibilidades, homens que estão todos competindo por ela, e não agindo como a maioria de nós, mulheres, que sai com um homem de cada vez.

As francesas misturam

Enquanto muitas de nós saem em encontros de três horas com um homem ou em uma noite de garotas com apenas mulheres, as francesas misturam. Elas sabem que há muito poder em deixar os homens verem você em um grupo de homens que fazem o possível para impressioná-la. Sabem que os homens apreciam a caça, ou o jogo de "*você me segue, eu fujo. Eu fujo, você me segue.*"

Todas sabemos que quando um homem vê uma mulher cercada por admiradores, ele sente que está perdendo alguma coisa maravilhosa e aquele velho espírito competitivo surge nele. O desejo enlouquecedor de tomar o que os outros encontraram se projeta. No entanto, o simples fato de ela estar cercada de outros homens também o força a ir devagar e fazer amizade com ela antes de colocar todas as cartas na mesa; caso ela seja comprometida, dar um passo poderia significar confrontar outro homem que tem uma sensação de propriedade. É assim que uma francesa explicou a importância do grupo dela:

> Pode haver tensões secretas lá, entre você e os rapazes no seu grupo de amigos, por diversão, porque flertamos e estamos à vontade e sabemos que estamos brincando. Depois, conhecemos pessoas novas, apresentadas pelos amigos do grupo, ou ao acaso, e os convidamos a conhecer nosso grupo de amigos. Eu não diria que todo homem do grupo é um admirador, são apenas amigos e fazem causar uma boa impressão porque têm uma conexão tão boa, um flerte acontecendo...

Os amigos em primeiro lugar

As francesas raramente se envolvem com um homem que não conhecem. Elas frequentemente conhecem homens através das famílias e dos amigos. Muitos se conhecem cedo, na escola ou na faculdade. Depois se encontram em clubes sociais, por interesses mútuos, em viagens, em festas (muitas festas), inaugurações de exposições e clubes de filmes, oh, e sim, no trabalho. No entanto, em vez de imediatamente se focar em um homem dos sonhos, a francesa vai devagar e conhece vários homens. Ela não revela sua disponibilidade imediatamente: casada/solteira/divorciada/com namorado/sem namorado/com namorado mas relacionamento esfriando etc. Ao contrário, ela vai flertar sutilmente, principalmente com um olhar e um leve sorriso, para ver como o homem responde. Essa é uma parte importante do processo porque todo mundo flerta na França: os casados, os solteiros, os disponíveis e os não disponíveis. É o passatempo nacional. Sabendo disso, os franceses não se apressam, mas circulam ao redor uns dos outros por um tempo. E isso faz muito sentido.

Em qualquer lugar os homens costumam flertar com as mulheres, mas a verdade é que eles não estão disponíveis. Considere um homem que conhecemos em uma festa. Ele está flertando conosco, rindo de nossas piadas. É muito bonito e parece achar tudo que dizemos ou fazemos muito divertido. Quando derramamos um pouco da bebida no balcão, ele imediatamente pega um guardanapo para limpar. Ele nos pergunta sobre nossa infância, nosso último namorado. Olha profundamente dentro dos nossos olhos, e quando estamos prestes a nos apaixonar, ele revela, bem, que na verdade é casado! E tem três filhos!

Ele é um cafajeste? Não necessariamente. Só está por acaso sozinho na festa e sabe que vai ter mais atenção e vai se divertir mais se não anunciar imediatamente seu estado civil. Sabendo disso, precisamos achar um meio de conhecer um homem no contexto de um grupo onde temos tempo e espaço para descobrir mais sobre a vida dele, do que gosta e não gosta e se está mesmo disponível e é compatível.

Construa um grupo

Ao construir um grupo, a francesa cria uma cerca protetora mas bastante porosa ao redor do coração. Desse modo, o homem que está mesmo interessado nela precisa dar mais duro para seduzi-la. Mas por haver outros homens (e mulheres) em torno dela — lembre-se, ela sai quase sempre em grupos —, não é fácil vê-la sozinha. O homem que quer conquistar a francesa é testado. Ele precisa esperar, precisa avançar quando houver oportunidade, precisa ser muito paciente e, sim, precisa competir para ter a atenção dela. Para o homem se destacar dos membros do grupo dela, ele precisa descobrir que livro ela está lendo e lê-lo, para que possa conversar com ela em um nível mais pessoal. Ele pode descobrir mais sobre um filme que ela mencionou e convidá-la para vê-lo com ele. Tudo isso leva tempo e coragem. Obviamente, um homem que não esteja verdadeiramente interessado na nossa francesa, ou que só queria uma aventura rápida, não vai se dar a esse trabalho.

E se ele desaparecer (o que é improvável, porque o grupo é composto tanto de amigos quanto de amigas que saem em grupos), não há nada perdido, porque ainda há o grupo, e o grupo pode elevar o ânimo de uma mulher, proporcionar vida social, dar confiança a ela e aumentar a sensação de que ela é desejada.

A arte da paciência

Para o ouvido de uma garota qualquer, essa ideia de grupo pode parecer cruel. *E se o rapaz gostar mesmo de você? Por que vai dificultar as coisas pra ele? Se você não gosta dele, deixe-o em paz.* A verdade é que a francesa está ajudando cada membro do grupo dela. Ela pode não estar interessada em um homem que está dedicando toda sua atenção a ela, mas outra mulher do grupo pode achá-lo encantador. E ao flertar levemente e ao sair em grupo, e ao ser sociável, ele também está sendo visto de forma vantajosa. E claramente essa outra francesa cercada por seu grupo de admiradores está sendo vista de uma forma lisonjeira. A francesa sabe que é muito melhor ser vista no contexto de um grupo se divertindo do que no contexto do frequentemente lúgubre encontro entre um homem e uma mulher que mal se conhecem.

Quando o lance é uma ficada

As francesas ficam, assim como nós. Só que elas parecem entender que uma ficada não vai levar a um romance duradouro. Foi assim que uma francesa nos explicou:

> É claro que, se você acha que aquele é o cara, você deve esperar até transar com ele. Quando transo com um cara na primeira noite, sei que é só pelo sexo, e aproveito a situação. Essa relação de sexo pode durar, e às vezes pode se tornar um relacionamento sério, mas

isso é raro. Então posso dizer que tive dois tipos de casos amorosos: só pelo sexo (O cara é bonito, vocês se dão bem na cama, então aproveite! Normalmente não dura, é melhor mudar com frequência, eu me entedio...), e relacionamentos de longa duração, de seis meses a três anos (nesse caso, não só vocês se dão bem na cama, mas também querem compartilhar coisas na vida...).

Então, se você transa com um cara que não conhece bem, normalmente é só pelo sexo, mesmo que dure meses.

Se o cara não ligar de volta, é porque era apenas sexo!

A coisa mais importante: seja você mesma! Não faça nada que não queira e de que vai se arrepender.

Sim, seja você mesma. Portanto, se você consegue lidar com um caso e não se importa se o cara não liga para você depois de uma noite de sexo quente, então tudo bem. Ainda assim, pode não ficar bem depois de um tempo, por isso é importante verificar seu coração de vez em quando. Pois, na verdade, isso pode ser legal quando somos jovens, mas quando chegamos aos trinta e quarenta anos, podemos não ficar tão bem em compartilhar nossos corpos com estranhos que não ligam depois.

Os homens estão construindo um grupo pela internet

Muitos homens usam a internet como uma espécie de sistema de construir grupos. Eles "conhecem" centenas de mulheres e depois reduzem o grupo a umas quarenta com as quais se correspondem. Esse grupo de mulheres se torna o cibergrupo dele e o homem pode conhecer cada mulher por e-mail e talvez por telefonemas. Com frequência, os homens levam seis meses até sugerir um encontro. Dessa forma, o homem consegue ter "encontros" no ciberespaço sem gastar dinheiro com jantares e cinema. Ele consegue criar uma espécie de intimidade pela correspondência. E quando ele finalmente se encontra com a mulher, ele pode então sugerir que passem uma noite juntos; afinal, já se "conhecem" há seis meses.

Entretanto, há um problema com os cibergrupos. A mulher continua "isolada". Ela não "vê" as outras mulheres com quem ele está conversando pela internet e ele não "vê" os muitos ciberadmiradores dela. Isso cria uma falsa intimidade (e dá a ele a impressão de que é o único homem na vida dela e que não tem concorrência). Quando se encontram pessoalmente, não há grupo real, não há história real e nada que diminua o ritmo dos acontecimentos e crie uma comunidade. Ele não vê outros homens observando-a ou flertando com ela e ele não tem ideia de que pode haver outros que a admiram. Ela tem muito menos poder do que se o tivesse conhecido em um grupo real de amigos e amigas. Sim, os encontros pela internet parecem inteligentes e eficientes, mas você ainda deve preferir sair com o contexto de um grupo.

Demore o tempo que precisar

A francesa sabe que, se ela está seriamente interessada em um homem, não vai transar com ele rápido demais. Ela só transa com um cara imediatamente se não vê futuro na relação. Isso pode parecer ilógico, mas cada uma das francesas que entrevistamos disse alguma coisa parecida com isso.

Estranhos com açúcar

Sim, a francesa tem *des petites aventures*, mas ela nem sempre fala sobre isso como a maioria das mulheres faz. É comum que a aventura se torne parte do *petit Jardin Secret* dela (mais sobre o Jardim Secreto depois), e ela discretamente guarda segredo sobre isso. Uma francesa nos contou sobre uma amiga que ela conhece há mais de dez anos, que acabou de revelar que vinha tendo um caso com um homem casado há cinco anos.

Mesmo assim, ainda que nossa francesa se permita um caso de "jardim secreto", ela não sai de circulação e não deixa seu grupo de lado.

Mantenha o amor fluindo

A francesa é pragmática quanto aos casos amorosos dela e sabe que, se a paixão inicial passar, ela vai precisar do grupo para aumentar a autoconfiança, para socializar, para ser vista e para ver quem mais é um possível candidato ao afeto dela. E ela pode demorar quando considera a possibilidade de envolvimento com um membro do grupo. Não há razão para apressar as coisas, porque ela costuma ver esse homem no contexto do grupo. Não é delicioso deixar a atração e a tensão sexual aumentarem com o tempo? Isso não torna a consumação final muito mais prazerosa? E é claro que, com a comida, vinho, amor e sexo, para a francesa, tudo se trata de prazer e *passion*. E para a francesa, quanto mais ela espera, mais séria e duradoura será a relação. Ela sabe a diferença entre a aventura e o relacionamento mais substancial. Um pode ser uma gratificação instantânea. O outro leva tempo.

O grupo dura a vida toda

Mesmo depois que uma francesa se casa ou mora com o companheiro ou namorado, ela continua a se socializar com o grupo. São os seus amigos mais próximos, afinal. E, é claro, a tradição dos jantares franceses torna isso tudo possível. Isso mantém o flerte vivo e saudável. Por novas apresentações, uma francesa pode acrescentar um novo membro ao seu grupo ou renovar uma antiga ligação. Esses flertes servem para manter o marido da francesa em estado de alerta — se ele não estiver atento, outro homem pode capturar o coração dela. Muitas francesas se certificam de terminar os relacionamentos com antigos namorados de modo amigável. Dessa forma, eles ainda podem fazer parte do grupo, e o clima fica mais intenso. É bem verdade que, depois que ela se casa, nossa francesa pode não ver mais os antigos namorados, mas certamente muitos mantêm contato. Eis o que uma francesa escreveu para nós sobre o papel de antigos amantes:

> Eu diria que sim, muitas de nós mantêm contato com os ex-namorados, a não ser que tenha sido um relacionamento muito importante, um namorado de muito tempo e que tenha terminado mal. Se foi só um amante, a conexão continua, mesmo se não houver mais sexo com ele. É apenas uma tensão sexual interessante, uma ligação secreta.

Essa é uma parte essencial do seu grupo. Embora você possa nem se sentir atraída pelo seu ex-namorado, a presença dele acrescenta ao seu poder de atração; então, por que afastá-lo completa e permanentemente? E além disso, talvez um dia, ele venha a ser o cara. Ou talvez outro homem, sentindo-se intrigado pela óbvia ligação, tome alguma atitude. A questão é que, com um grupo de amigos, você está sendo vista quer você esteja "saindo" com alguém ou não.

Onde encontrar seu grupo

Seu grupo costuma estar a seu redor e você nem percebe. Esses homens e mulheres podem ser velhos amigos, novos conhecidos, colegas de trabalho, amigos de amigos. Até mesmo ex-namorados e ex-maridos. As francesas sabem que um homem traz outro e outro, e que quando ela é vista sendo requisitada, outros homens virão.

A palavra-chave aqui é "admiradores". As francesas não desperdiçam tempo e energia ficando íntimas de um monte de homens. A francesa sabe que exerce seu maior poder quando ainda é um mistério, ainda parecendo "inconquistada". A francesa flerta, mas sempre permanece muito discreta quando se trata de sua vida amorosa. Dessa forma, ela consegue passar a impressão de que pode um dia estar disponível se as circunstâncias forem favoráveis. Como ela faz isso? Ela nunca mergulha de cabeça em um relacionamento — fechando-se, trancando a porta como se tivesse "terminado" e não precisasse mais se mostrar, mesmo depois de casada. Em vez disso, ela procura ter a melhor aparência possível e ser ativa intelectual e socialmente. Em outras palavras, ela sai por aí.

Algumas francesas "guardam" seus amantes. A França é um país pequeno. Se você é francesa, provavelmente vai dar de cara com um algum antigo amante em algum momento. Não é como em países maiores, onde você se muda para outro estado e evita se encontrar com uma velha paixão. Na França, principalmente por ser uma cultura de grupos sociais interconectados, não é fácil largar um amante e não vê-lo nunca mais. Portanto, é preciso ser civilizada e sair de um relacionamento sem brigas. Você pode estar saindo com outra pessoa, pode estar loucamente apaixonada, ou casada ou recentemente livre, mas esse antigo amante sempre vai ter uma quedinha por você. E, se você não fizer nada além de cumprimentá-lo educadamente, os outros no seu grupo vão sentir as palavras não ditas e a história.

Como desenvolver seu próprio grupo

Muitas mulheres alegam que não conseguem criar um grupo porque não têm admiradores. Isso não é verdade. Todas temos admiradores. Podemos não perceber ou podemos dizer: *"Ah, aquele é só o Bob, meu velho amigo de faculdade. Ele não é um admirador!"* Mas imagine o seguinte: você o convida para se juntar a você e seus amigos num barzinho, e depois, na semana seguinte, você o convida para se juntar a você e seus amigos em uma inauguração de exposição. Enquanto estão lá, ele encontra um amigo do trabalho, Michael. Ele apresenta Michael a você e sabe o que acontece? Sai faísca. Michael se junta ao seu grupo, mas ele parece mais interessado em sua amiga Sheri. Você flerta com Bob. É uma coisa leve e nada séria, mas aí Sheri fica com um pouco de ciúmes e começa a flertar com Bob. Michael tem um novo interesse em você. Aí, o cara do seu trabalho por acaso está na inauguração da exposição naquela noite e vê todos esses homens rivalizando por sua atenção, e ele fica completamente balançado. E antes que você perceba, formou um grupo maravilhoso!

Lições de Francês

Pense em quantos homens na sua vida admiram você (e que você admira) e faça uma lista em um caderno que ninguém vá ver. Agora, pense que você pode desenvolver essas "amizades" e as guie de forma que você sempre tenha um cavalheiro que adoraria jantar com você ou acompanhá-la a um concerto ou a uma festa. Mesmo se você for casada, é importante ter um acompanhante de vez em quando. Assegure-se de cuidar de sua lista ligando e conversando casualmente, enviando um bilhete de parabéns quando eles tiverem algum sucesso ou apenas enviando um breve e simpático e-mail (pessoal, não em grupo) para dizer oi.

Em seguida, crie seu próprio grupo. Comece flertando (levemente) com todo mundo. Faça uma lista de três a sete homens que admiram você. Quem são esses homens? Conheça-os melhor. Pode ser por meio de drinks depois do trabalho com alguém do escritório. Use a desculpa de um trabalho ou de um interesse mútuo e marque um encontro. Certifique-se de permanecer completamente platônica. Mas seja simpática e interessada nele, mas não tanto a ponto de ele achar que você está "atrás" de alguma coisa. Você está atrás de nada mais do que aumentar sua autoconfiança e sua sensação de ser desejada. E isso é uma coisa muito francesa.

10

As francesas e le Jardin Secret

Através dos séculos, as francesas aprenderam que nem sempre é sábio mostrar os sentimentos. A francesa sabe que não deve revelar o que sente muito rapidamente e que algumas vezes é melhor simplesmente esperar e observar. Se você olhar para o rosto da francesa, vai ver que ela é mais controlada, ao menos em público. Dentro de um círculo seguro de amigos, ela pode ser bem mais efusiva e intensa, mas geralmente as emoções são mantidas em segredo. Na verdade, os franceses sentem que precisam ser "controlados". Podem agradecer a Descartes.

Certamente, quando se trata de amor, há momentos quando a francesa pode se tornar emotiva e confessar os sentimentos mais profundos, mas é mais comum que ela segure as cartas próximas aos seios e mantenha um ar de mistério. Isso faz os homens da vida dela perderem o interesse e fugirem? *Au contraire!* Ela descobre que essa opacidade só esquenta as coisas.

Vivemos em uma cultura bem diferente. Moramos em um país grande e jovem. Somos uma sociedade expansiva. Rimos alto. Expressamos nossas emoções livremente. Algumas de nós comem grandes refeições e dirigem grandes carros em ruas enormes. Ocupamos muito espaço, porque temos (ou achamos que temos) muito espaço. Muitas de nós moram em casas grandes e, quando temos convidados, gostamos de mostrar a casa toda, incluindo os aposentos particulares: os quartos e os banheiros. Os franceses não são assim. Eles raramente mostram os cômodos além da cozinha, sala de jantar e sala de estar.

Amamos abrir nossas portas.

Entretanto, quando se trata de relacionamentos, essa expansividade nem sempre funciona a nosso favor. Sim, é divertido sair com as amigas e fofocar sobre nossas mais recentes conquistas. É delicioso chorar livremente e rir alto. E nos mantemos fiéis à cultura da confissão e à crença de que, se formos honestas, nos comunicarmos e revelarmos tudo, os homens vão apreciar isso e nos aceitar pelo que somos, nos amar pelos nossos generosos corações e perdoar nossos pontos fracos.

Dentro do Jardim Secreto

Lutamos pela completa honestidade. No entanto, isso nem sempre funciona a nosso favor. As francesas sabem disso. É por isso que elas mantêm seu *Jardin Secret* (Jardim Secreto). O Jardim Secreto pode ser o estado mental ou um lugar inventado que ela pode visitar quando sonha acordada. Pode ser uma paixão intelectual secreta. Talvez ela ame escrever poesia ou seja viciada em livros de romance. O Jardim Secreto dela pode ser um hobby do qual ninguém no círculo dela saiba, como jogar xadrez, por exemplo. Ou pode ser um grupo de amigos, como as americanas que ela conheceu no ano em que passou viajando para o exterior, e os amigos franceses não sabem sobre elas ou do mundo secreto no qual ela viveu. Pode ser um relacionamento particular que é completamente platônico, mas com alguém que ela não leva para o grupo de amigos.

E por fim, o Jardim Secreto de uma francesa pode ser um caso amoroso secreto. Esse caso amoroso pode não passar de um flerte levemente perigoso, ou pode ser algo mais. Ela pode ser casada e se permitir isso ou pode ser solteira, mas não quer que seu grupo saiba sobre esse Jardim Secreto. Ela pode até um amante. Mas não vai divulgar isso; é o segredo dela.

Por trás de portas fechadas

E sim, as francesas têm casos, assim como homens e mulheres do mundo todo. A diferença é que a francesa não fala sobre seu caso tão abertamente. E espera-se que, se a pessoa em questão for um membro do governo, eles não virem assunto de tabloide (apesar de isso estar mudando na França neste exato momento).

Em geral, os franceses amam a privacidade mais do que muitos outros povos. Uma francesa sabe que seu Jardim Secreto precisa ser protegido e mantido em segredo se quer que ele permaneça como uma parte poderosa da vida imaginária dela. Essa é a outra vantagem de ter um Jardim Secreto — incendeia a vida de fantasia e cria uma espécie de mundo interno que nutre e alimenta a mente. Quando o mundo externo está exaustivo e massacrante, a francesa pode se refugiar no quarto dela, fechar as cortinas e ler um livro de ficção, praticar ioga ou simplesmente se deitar e pensar em Jean-Claude e naquele dia em que se beijaram no teleférico de Chamonix. Ela pode até ligar para seu antigo amante, François, e tomar uma taça de vinho e conversar até tarde sobre a vez em que ficaram presos na chuva no Mont-Saint-Michel e terminaram passando a noite na pousada que servia a mais incrível variedade de croissants e doces, suco de laranja fresco, iogurte caseiro e um café fabuloso.

Apesar de o caso estar terminado há tempos, a voz dele ao telefone traz de volta todas as lembranças, e embora ela provavelmente jamais volte a ter intimidades com François, a atração está sempre lá. É palpável. Ela consegue ouvir na voz dele, tarde da noite, enquanto sussurram e recordam os velhos tempos. Esse amante do passado é o segredo dessa francesa, e quando a conversa terminar e os dois estiverem caindo de sono ao telefone, a milhas um do outro, o mundo ficou mais caloroso e agradável e ela sente uma nova e restaurada sensação de sedução, sensualidade e confiança.

De onde vem a autoconfiança da mulher francesa

Essa "visita" noturna ao "amante" secreto vai permanecer com ela no dia seguinte e no próximo, e talvez até por semanas. Ela vai ter uma nova cadência no andar e vai estar transbordando com a sensação de ser desejada. Isso é maravilhoso para a autoestima da francesa. Mais do que isso, os homens reparam!

Não, ela não precisa dizer uma palavra sobre o *Jardin Secret*, e não precisa necessariamente envolver uma ligação para um antigo amante — mas sim alguma coisa que ela mantém em segredo. O próprio fato de que ela tem um lugar para ir que é dela e só dela acrescenta uma sensação de mistério e intriga a ela. Todos os homens percebem o humor de uma mulher. Eles aprendem na infância: quando a mamãe está de bom humor, as coisas vão bem, mas quando a mamãe está infeliz, bem, isso é uma outra história.

E assim, o namorado de uma francesa pode sentir que ela não está obcecada com o relacionamento deles. Ela não cobra tudo que ele diz. Não se preocupa se ele deu um presente a ela de dia dos namorados ou se ligou pra ela na quarta. Na verdade, a mesa virou, porque ele pode sentir que ela tem outras coisas (ou até outros homens) na cabeça. Ele sabe que ela não é completamente dele. Ela não abandonou a individualidade dela para entrar no relacionamento. Ela continua sendo ela mesma.

Mesmo quando estão juntos, ele sabe que ela é espiritualmente livre. E isso é verdade até quando eles são casados. O *Jardin Secret* da francesa é um lugar para onde ela vai espiritual, intelectual e sensualmente para restaurar a sensação dela de independência e poder.

Ela encontra um lugar ou uma paixão especial. O Jardim Secreto pode ser apenas uma fascinação por um livro que ela achou na biblioteca. Ela encontra um café para onde vai todas as tardes para ler. Ela sai uma hora depois, de certa forma modificada pelo livro. Ela retorna para a rotina com uma nova sensação de quem é no mundo independentemente do amante/companheiro/marido/namorado. Depois, quando volta a estar com ele ou sai para um jantar, ela vai surpreender todo mundo com um pequeno comentário sobre a antiga arte da caligrafia no papel de arroz. E quando alguém pergunta com incredulidade, *"Como você sabia disso?"*, nossa francesa sorri misteriosamente e diz, *"Não sei... apenas sei."* Ela não revela todos os detalhes da biblioteca que ela frequenta e do café onde ela lê todo dia, e da deliciosa xícara de café que ela toma durante a jornada intelectual ao seu *Jardin Secret*.

E os homens têm seus jardins secretos também. Eles gostam de sair e pescar ou estar com os amigos. Não há nada de errado nisso, porque isso também os torna mais interessantes e intrigantes. A individualidade é o que vai manter qualquer relacionamento vivo, porque vocês estão continuamente oferecendo coisas novas um para o outro e sempre há surpresas.

As francesas são misteriosas

O *Jardin Secret* é a nascente dessa sensação de mistério. Podemos achar a ideia de permanecermos misteriosas uma bobagem. Por que não deveríamos ser honestas? Não é essa a melhor política, afinal? Mas há uma diferença entre ser honesta e soltar um monte de informações que ficaria melhor atrás de portas fechadas. Por que contar tudo? Ajuda seu relacionamento com seu marido se ele souber que você está preocupada com sua celulite? Seu namorado precisa mesmo saber que você comprou um par de sapatos hoje que estava com 50% de desconto? Seus amigos querem mesmo saber que a ponte do seu dente caiu e você teve que correr para o dentista consertar?

Pode não parecer algo importante — pode parecer conversinha boba quando revelamos os detalhes do nosso dia a dia —, mas a verdade é que essa informação desnecessária enfraquece nossa sensação de individualismo. Somos esvaziadas (e nossos amigos e amantes se sentem esvaziados) e, depois de alguns dias, começamos a sentir como se pequenos pedaços da nossa personalidade, nossa vida interior, tivessem sido jogados ao vento. Isso nos esgota e nos deixa sentindo enfraquecidas, emocionalmente exaustas, e então podemos fazer algo que parece reconfortante no momento, mas na verdade é autodestrutivo, tipo um encontro impulsivo com um ex-namorado ou um encontro com um pote de sorvete bem calórico.

O que podemos aprender com Proust

A francesa de vez em quando se sente emocionalmente esgotada. Todas nos sentimos; somos humanas, afinal. Mas *le Jardin Secret* serve como um lugar de refúgio para ela. Ela realmente "vive" no corpo dela e, portanto, sabe quando precisa se recarregar. E, assim, o Jardim Secreto dela pode apenas significar uma oportunidade de ficar na cama o dia todo e relaxar.

A francesa não tem medo de recusar um convite (dando a devida atenção e explicação). Ela não se sobrecarrega socialmente nem se torna uma borboleta social, voando de festa em festa, se exaurindo, bebendo demais, falando demais. Ela sabe que, como Marcel Proust disse, "Uma ausência, a recusa a um convite para um jantar, uma frieza não intencional podem conseguir mais do que todos os cosméticos e belos vestidos do mundo."

E uma palavra sobre beber demais: as francesas raramente bebem demais. As francesas não se tornam a garota da festa da qual todos riem secretamente pelas costas. Uma francesa sabe que, enquanto os homens podem apreciar a companhia de uma garota selvagem e louca e até se divertir com ela de vez em quando, eles em geral não levam esse tipo de mulher a sério e, se ela realmente exagera na comida, nas drogas ou na bebida, é improvável que eles a considerem uma candidata a um relacionamento duradouro. Os franceses bebem vinho, é claro, e champanhe, mas geralmente é junto com comida, e sempre acompanhados de outras pessoas.

Mantenha a cabeça no lugar

A família francesa, as escolas e a comunidade ensinam aos pequenos a importância de manter a calma no momento de confusão emocional. Na verdade, faz parte do orgulho francês manter a calma, permanecer racional e nunca cair em um tumulto irracional e *perdre la tête* (perder a cabeça). Na verdade, a regra geral sobre beber é tomar um copo de água para cada taça de vinho.

Podemos novamente agradecer a Descartes pela filosofia de manter as emoções sob controle. As francesas nem vão a psicoterapeutas tanto quanto a maioria das mulheres, simplesmente porque elas acreditam que suas lutas psicológicas são particulares e que ninguém deve exercer poder intelectual e domar as emoções de alguém para que elas sejam mantidas na proporção apropriada. É preciso disciplina e um senso de moderação para isso. Se ela procura a ajuda de um psicoterapeuta, ela mantém segredo. Ela pode discutir suas dificuldades com a mãe, mas certamente não vai anunciar sua mais recente aventura malsucedida ou coração partido na Rede de Amigas. Isso não é dizer que as francesas não fiquem sensíveis e chorem. As garotas mais jovens conversam com as amigas sobre problemas com garotos, enquanto as mais velhas esperam até que realmente conheçam as amigas. Parte da razão por trás da reticência da francesa em compartilhar informações sobre o homem dela (seja sobre como ele é um grande amante ou como o relacionamento está frio) parte do fator ciúme e, como uma francesa nos contou, *"de saber que outra mulher pode roubar seu homem"*.

É verdade que as francesas não costumam confiar umas nas outras. No entanto, acho que todas conhecemos alguém que perdeu seu homem para uma amiga íntima. E assim, talvez a habilidade da francesa de ser discreta não seja uma coisa ruim. Isso parece frio? Parece impossível de imitar? Não é, de verdade. Assim que começarmos a regular nossas emoções, começamos a criar um novo padrão. E o Jardim Secreto pode ajudar.

Não existe perfeição

As francesas não acreditam em perfeição. Antigamente, muitos casamentos eram arranjados. Enquanto nossas avós e mães estavam cortejando e saindo com vários homens por muitos anos antes de decidir casar, as francesas não levam muito tempo nesse processo e geralmente se casam (ou, o que é mais comum na França moderna, simplesmente moram junto) com os parceiros bem cedo. Muitas francesas ainda costumam ter um parceiro só a vida toda. Isso pode parecer arcaico, principalmente se você mora numa cidade grande e tem menos de 30 anos. É fácil entrar na esteira dos namoros, onde saímos com um homem por algumas semanas e o vemos praticamente todos os dias. As coisas ficam muito intensas. Achamos que está acontecendo, que é amor verdadeiro. Dormimos com ele e passamos todos os momentos possíveis juntos. Ele praticamente mora com a gente depois de nos conhecermos por um mês. Compartilhamos todas as histórias de infância — como tínhamos dentes tortos e tivemos que usar aparelho por anos e como as outras crianças da escola tiravam sarro da gente e nos chamavam de "boca de metal". Nos entregamos a uma onda de entusiasmo emocional, descrevendo a injustiça da situação, a humilhação, como se tivesse acontecido anteontem. Nos apressamos em contar tudo imediatamente. E ele compartilha todos os triunfos e atribulações dele, e de repente não há nada mais a contar. Nada a descobrir.

Isso não é misterioso. Isso não é sexy. E definitivamente não é nada francês.

É claro que não tem problema em se revelar uma dor da infância, mas não é necessário reviver a coisa toda em detalhes vívidos. As francesas não tratam seus amantes como se fossem os padres a quem se confessam, seus terapeutas nem suas *mães*. As francesas entendem que nenhum homem pode ser todas as coisas para uma mulher. Ela não é tão idealista quanto ao amor e ao casamento como muitas de nós. Ela mantém o Jardim Secreto dela como um lugar onde pode procurar consolo emocional. Ou talvez ela mantenha um amigo de Jardim Secreto a quem recorre para falar de suas lutas pessoais.

Somos uma família

Quem mora em um país grande e frequentemente se muda e se afasta da família e dos amigos íntimos acaba perdendo sua "âncora". E aí começamos a depender demais dos nossos homens. Mas eles são apenas homens. Há razões pragmáticas para não se depender do amante/marido/namorado/companheiro para constante apoio moral e consolo — ele simplesmente não está equipado para perceber as nuances da sensibilidade e das emoções femininas. O mais importante é que toda essa explosão de emoções e drama não é saudável para o relacionamento. Despejar todos os detalhes perturbadores das nossas vidas não ajuda a construir uma relação sexy, vibrante e forte. Em vez disso, ela acaba sendo diminuída e se esvai com o poder da união.

Cada casamento, cada relacionamento é seu próprio Jardim Secreto. As francesas sabem disso desde pequenas. E cuidam desse jardim, desse casamento, com tanto carinho e cuidado quanto cuidariam de um jardim de verdade. Elas sabem que certas plantas florescem durante certas épocas do ano. Sabem que é preciso cuidar do jardim, mas não exagerar nesse cuidado, e não arrancar todas as ervas daninhas e não plantar sementes demais. A francesa sabe que é preciso haver equilíbrio entre água demais e água de menos. O Jardim Secreto de um casamento pode ser um lugar mágico onde um homem e uma mulher falam de experiências em comum, riem juntos, fazem amor, se permitem seus vícios pervertidos e até fofocam de vez em quando. Mas é necessário se certificar que esse jardim não seja pisoteado por conversas insignificantes, desnecessárias e cheias de reclamação — "ervas daninhas", poderíamos dizer. A francesa deixa de fora a informação chata como, por exemplo, o fato de que o cabeleireiro dela cancelou a hora marcada ou que ela ganhou 2 quilos e meio e precisa parar de comer sobremesas, ou como ela achar que o casaco da melhor amiga é de uma cor feia. A francesa protege *le Jardin Secret* que ela compartilha com o marido, certificando-se de que seja um lugar de calma e sensualidade onde os dois possam se refugiar e criar um mundo espetacularmente sensual que é só deles.

Lições de Francês

Recuse um convite essa semana, mas faça isso de maneira amável, misteriosa. Não faça porque eu sugeri. Faça quando realmente não tiver vontade de sair. Crie seu próprio Jardim Secreto. Pense no que você tem que aumenta sua sensação de prazer, calma e autoestima. Entre para um clube secretamente. Ou comece um novo hobby do qual ninguém saiba além de você. Leia um livro, sozinha, e mantenha isso em segredo. Encontre um novo café que seja seu lugar secreto. Vá a uma matinê, mas não conte a ninguém.

Pratique a arte da discrição. Não conte a seu amante, ou amante em potencial, ou até mesmo a seu marido todas as suas aventuras. Seja selvagem no quarto e uma dama fora da cama.

11

Como as francesas ganharam a fama de serem tão sexies

As francesas podem ser fascinantes de uma forma frustrante. Pergunte a qualquer mulher que perdeu seu homem para uma francesa. Parece impossível de se competir com elas. São muito sensuais e têm aquele sotaque. Além disso tudo, elas têm uma atitude *je ne sais quoi* (inexplicável). Como elas conseguem? Como sempre parecem conseguir manter aquela sensação de liberdade espiritual?

Gostamos de acreditar na ideia de que, quando acharmos o namorado perfeito, ou quando nos casarmos, será o fim. Estaremos estabilizadas para sempre. Nosso marido vai ser nosso companheiro constante, nos sentiremos seguras, teremos um melhor amigo, um companheiro de museu, alguém que vai nos ajudar a fazer o imposto de renda, vai viajar de férias conosco, vai ter filhos conosco e compartilhar todas as nossas decepções e triunfos. Sonhamos com um homem com quem andaremos ao pôr do sol, alegremente cientes de que jamais teremos que sair em encontros novamente.

Por que precisamos aguardar com ansiedade o momento em que não teremos que sair em encontros? Porque sair em encontros não é divertido. É exaustivo, leva tempo e é caro para o homem e para nós também, se você levar em consideração o custo de roupas, maquiagem, manicure e depilação. Há muita pressão, porque somos tiradas do "mercado" e confinadas a um homem que tem a missão de nos levar para a cama e temos que decidir rápido — queremos que ele se torne nosso "namorado" ou não? Queremos dormir com ele ou não? Cada encontro traz o "relacionamento" a um novo nível elevado de intimidade. No terceiro encontro, é esperado que o ato seja consumado. Mas não seria legal ter mais tempo? Esperar e avaliar as opções, os muitos homens, antes de ter que escolher um? Esperar, circular, ser vista e ser livre são sempre coisas vantajosas para a mulher.

Eis o que uma francesa nos contou:

> Viva a sua vida. Não espere as ligações dele. Quando ele ligar da próxima vez, você estará ocupada caso ele a chame para fazer alguma coisa... mas você pode sugerir um dia alternativo (por exemplo, ele: "O que você vai fazer amanhã à noite?"; você: "Oh, já tenho compromisso essa semana, mas estou livre no domingo à tarde."). Dessa maneira, você evita as noites, mesmo se você o quiser (isso, é claro, é só se você quiser mais do que apenas sexo)... Se ele a chamar para sair naquela noite, não vá. Isso significa que ele só quer dormir com você.

Isso pode parecer muito pragmático e mesmo um pouco cínico para uma mulher que sonha em conhecer "o cara certo" e se casar. A ideia de que temos que passar por esse processo de ignorar um homem que não nos liga pode parecer desperdício de tempo. Fomos criadas para sermos proativas. Para pedir o que queremos. E assim, achamos que devíamos poder ligar para o cara e dizer, por que você não me convidou para outro encontro? Mas todas nós sabemos que isso não funciona. Não a longo prazo, pelo menos.

Pare de marcar encontros com caras

Se não temos um grupo de amigos e encontramos nosso companheiro por meio do exaustivo e tedioso sistema de encontros a dois, quando chegamos ao ponto de ter um namorado, só queremos descansar. Queremos fechar a porta e trancá-la. Deitar na cama, abraçar o homem e nunca mais largá-lo. Estamos exaustas. Não queremos flertar com mais ninguém, estamos cansadas de homens e seus meios "maliciosos", não queremos nunca mais ter um encontro com nenhum outro homem. Encontramos nosso príncipe e pronto!

Infelizmente, isso não é bom para nosso relacionamento com nosso namorado/marido/companheiro. O motivo é que a própria noção de trancar a porta e mergulhar no relacionamento logo leva a uma sensação de insatisfação. Quando um casal faz tudo junto e não traz nada de novo para a relação — e elimina todo o flerte e as amizades do relacionamento —, descobre que logo vem o tédio. Imagine por um momento. É como uma daquelas excitantes férias românticas em que vocês vão para uma ilha, só os dois, e fazem sexo esplendoroso — duas, três ou até quatro vezes por dia. Vocês andam de mãos dadas na praia, comem comidas divinas, bebem deliciosos mojitos à beira da piscina, olham nos olhos um do outro, famintos. Fazem mais sexo e comem mais comida e tomam mais mojitos, e no quinto dia, vocês querem voltar à vida real. Precisam de uma mudança. Até o paraíso pode ficar um tédio.

Se você está em um casamento no qual tudo está no lugar, a rotina diária está estabelecida e vocês levam suas vidas com ordem e disciplina, vai chegar um momento em que vão estar entediados. Você anseia pelas férias em St. Martin's. E se isso não vai acontecer num futuro próximo, então você ou seu parceiro podem ficar inquietos e procurar fantasias e fugas fora da relação.

As francesas sabem que, para manter o homem interessado e manter o relacionamento excitante, vivo e em crescimento, elas precisam misturar as coisas e mudar.

Les petites jalousies

Recentemente, durante minhas viagens para a França, observei um exemplo delicioso de como os franceses usam um pouco de ciúme para temperar os casos amorosos. Eu estava em um jantar. Éramos quatro pessoas: nossa adorável anfitriã francesa e minha amiga, uma americana muito bonita. Havia também um belo francês e eu, *une femme d'un certain âge*, que estava lá apenas fazendo pesquisa para um livro e não interessada em iniciar *une liaison*.

Estávamos apreciando um delicioso jantar, com muito vinho, rindo e conversando. A jovem americana e eu tínhamos acabado de voltar da Borgonha e ela começou a contar uma história engraçada sobre um incidente que aconteceu no caminho. Eu sabia que ela estava animada para impressionar o francês. Eles tinham tido um caso alguns anos antes e havia faíscas no ar. E ela também queria deixá-lo com um pouco de ciúme. E assim, ela contou a história de como ela e eu tínhamos sido entretidas por alguns homens em um bar em Auxerre, e que um dos homens, que trabalhava para uma agência de turismo, nos deu presentes antes de irmos embora — mapas, livretos, um livro sobre a história local. Minha amiga prosseguiu e descreveu como o cavalheiro queria que ela ficasse na cidade, e como ele foi *très séduisant* (muito sedutor).

Ela falou com todos nós, mas a história era mesmo para o francês. Para deixá-lo com um pouco de ciúme. No entanto, o que foi interessante é que, no meio dessa história animada e muito divertida, o jovem francês se virou para mim e começou a falar só comigo, os olhos passeando, os dentes muito brancos. E de repente pareceu que, para ele, eu era a mulher mais fascinante do mundo! Fiquei feliz com a adorável atenção, mas também sabia que não era para mim. Eu sou, afinal, velha o bastante para ser mãe dele. Não, ele estava fazendo o joguinho dele.

Todo mundo se beneficia com flertes

Ele não percebeu de repente que não estava apaixonado pela minha amiga e sim por mim. Ele percebeu que ela estava tentando deixá-lo um pouco enciumado ao mostrar a ele que havia outros homens no mundo que a achavam atraente e querendo que ele soubesse que ela tem muitas outras oportunidades de encontrar o amor. E funcionou, ele ficou com um pouco de ciúme e decidiu mostrar a ela que também era atraente e podia encontrar outras oportunidades. Eu percebi isso imediatamente, mas ainda assim o encanto dele me fez bem. E até me vi retribuindo o flerte.

Minha amiga americana viu isso acontecendo com sua visão periférica, e assim ficou mais dramática ainda, divertindo ainda mais nossa anfitriã.

Nada de abominável nem manipulador estava acontecendo. Foi apenas uma demonstração de como a arte da conversa e um pouco de ciúmes podem dar vida à relação e tornar nossas vidas um pouco mais divertidas. As francesas sabem que é muito mais poderoso mostrar a um homem que há outros por aí que a acham atraente do que reclamar: *"Por que você não presta mais atenção em mim?"* Isso não nos leva a lugar algum, porque na verdade, se estamos pedindo mais atenção, parecemos inseguras e necessitadas, e isso não é nada atraente. As francesas sabem que os homens amam um desafio — o desafio do desconhecido e do não conquistado. Ao permanecer misteriosa, flertando levemente e na presença de seu homem, você mostra que ainda não está completamente conquistada e que há outros por perto que sempre estarão esperando. A francesa sabe que o segredo de manter a relação viva e bem é através da possibilidade de mudar e da natureza inconstante da vida.

Ninguém é dono de ninguém

As francesas entendem que os homens começam a perder o foco quando percebem que *são donos* de uma mulher, então elas permanecem misteriosas, mesmo para o marido. Isso pode significar mudar a rotina, fazer alguma coisa surpreendente, viajar de repente no final de semana com uma amiga. Pode significar usar alguma roupa diferente, cozinhar um novo prato, mudar o cabelo. Essa ação sutil é suficiente para alertar o homem que ele ainda não a conhece por completo, que ela ainda é um mistério.

Os homens amam uma mulher feliz

O Jardim Secreto da mulher francesa certamente a ajuda a se reconectar com a fonte de força, a recarregar as energias e a fazer contato com a mente dela. Quando volta para o "mundo real", ela traz um pouco de mistério consigo. E volta mais feliz. O homem dela consegue perceber que há alguma coisa nova — o "ar" de ter estado em um lugar diferente, até mesmo secreto, e começa a prestar mais atenção nela. Ele presta mais atenção não porque ela pediu, mas porque, pelos gestos dela, ela *mostrou* que não depende completamente dele para ser feliz, que tem recursos escondidos e que, a não ser que seja cuidadoso, ele pode perdê-la.

As francesas são teatrais

As francesas são um pouco teatrais quando se trata da primeira vez que dormem com um homem. Enquanto o homem pode pensar que ela repentinamente "se rendeu" às seduções dele, ela na verdade costuma planejar o grande evento durante semanas (ou até mesmo meses ou anos). Ela faz isso, em primeiro lugar, estando sempre pronta para a intimidade — sempre usando lingerie bonita, sempre tomando banho com sabonetes perfumados, sempre cuidando da pele com cremes e loções, e sempre tendo pelo menos uma garrafa de champanhe de qualidade na geladeira. Desse modo, ela se sente bonita e confiante e pode realmente se permitir se deixar levar pela sexualidade, pelo desejo físico e pela paixão da primeira vez. Ela não se preocupa com o estado do apartamento dela ou fica sem graça de estar com a pele seca. E ela certamente não se preocupa com a roupa íntima que está usando!

Pense em tudo isso um pouco como feng shui, a antiga arte chinesa de arrumar objetos em um recinto que permite o fluxo certo de chi (boa energia). Se você cria um "caminho" espiritual em sua vida (usando lingerie, mantendo sua casa aconchegante, sendo forte e independente), você abre espaço para o amor encontrar o caminho da porta da sua casa. Não há tensão, não há sensação de necessidade, não há sensação de energia bloqueada. Você se sente bem e forte em relação a si mesma, portanto, o homem vai se sentir bem ao entrar em seu espaço.

O amor está no ar

E o homem francês também está preparado para o evento, porque uma francesa não convida um homem para ir à casa dela sozinho a não ser que queira dormir com ele. Ele já a terá visto em casa com um grupo de amigos, talvez em um jantar, mas quando é convidado sozinho, ele sabe que ela está pronta para a intimidade. Dessa forma, não há confusão de mensagem. Tanto o homem como a mulher sabem que a noite vai terminar na cama. Isso cria uma maravilhosa sensação de expectativa. Ao longo do jantar, o ar de romance se acentua. O champanhe é delicioso. Há velas e música. Ela terá preparado uma deliciosa refeição e provavelmente servirá musse de chocolate de sobremesa.

No entando, mesmo depois que a relação esteja consumada, a francesa não vai deixar de ter contato com os amigos e com a família. Ela não vai cortar relações com membros do grupo dela e certamente não vai abrir mão do

Jardim Secreto. Na verdade, ela sabe que esse sistema de apoio vai ser ainda mais necessário para manter o homem dela fascinado. Ela sabe que, depois que o homem sente que fez suas conquistas, a francesa precisa fazer o que puder para reafirmar seu mistério e sua independência.

As francesas levam o tempo que precisam

As francesas não acreditam em refeições rápidas e não acreditam em sexo rápido. É verdade que há circunstâncias em que a francesa pode se permitir ter uma aventura ou duas, mas só com a máxima discrição. Na maioria dos assuntos de amor, as francesas gostam de ir devagar, apreciando os prazeres do flerte, da sedução e da fascinação. Assim como a comida envolve os prazeres sensuais de comer — dos diferentes gostos e sabores, da conversa ao redor da mesa de jantar, das texturas e dos temperos — e, é claro, do vinho, a francesa aprecia o amor, o romance e o flerte como um prazer sensual que precisa de tempo para ser saboreado de verdade. Ela sabe que um pouco de flerte hoje pode levar meses e até anos para florescer. Ela não tem pressa, porque sabe o valor do tempo.

Lições de Francês

Quer haja um homem em sua vida ou não, comece a vivê-la como se a paixão estivesse ao dobrar de uma esquina. Limpe sua casa, mantenha velas aromáticas à mão, champanhe na geladeira e sempre use lingerie bonita. Oh, e depile as pernas!

Depois, mude alguma coisa em você. Compre uma bijuteria e não explique como e onde você a comprou. Viaje no final de semana com uma amiga, mas não dê muitos detalhes sobre por que está indo.

Por fim, se há um homem na sua vida que a tem negligenciado e agido mal com você, liberte-o. Faça de forma graciosa e elegante. Se ele tiver que ser seu, vai voltar.

Se você está feliz em seu casamento, planeje uma surpresa romântica para você e seu marido. Lembre-se de não elaborar nada muito complicado. Apenas aprecie.

12

Casamento *à la mode*

As francesas aceitam os homens como eles são

As francesas não acreditam no conceito de par perfeito. Não acreditam em perfeição. Na verdade, uma francesa em Besançon explicou a filosofia francesa sobre se casar com um homem dessa forma: *"Quando você entra em um relacionamento, você aceita quem o outro é e não tenta mudá-lo."* Ela nos contou como, na França, não fazem grandes comemorações em aniversários de casamento ou datas especiais. Talvez para um grande aniversário de casamento — o de 10 anos ou o de 25 — façam uma pequena festa familiar.

E não há nenhum estardalhaço no dia dos namorados! Não há pressão alguma sobre o homem ou sobre a mulher para *provar* o quanto se amam. O amor é mais particular, silencioso. Não é uma competição com nossas melhores amigas para ver qual marido ou namorado gasta mais ou é mais romântico. As francesas são confiantes e aceitam o homem como ele é, e não como a sociedade quer que eles sejam. Elas não tentam recriá-lo.

A própria ideia de reforma não é muito francesa. As francesas têm uma filosofia de *laissez-faire* e acreditam em aceitar as fraquezas uns dos outros, as coisas boas e as ruins — principalmente depois de já estarem em um relacionamento. As francesas acreditam em apreciar a vida e apreciar o amor. As francesas sabem que nenhum homem vai preencher todas as necessidades delas. Elas dependem da família e dos amigos. Costumam ser bem próximas das mães. Permanecem íntimas dos amigos de infância e *des amis de l'université* (dos amigos da faculdade). Mesmo depois de casadas, elas mantêm o grupo, porque sabem que isso é tão necessário ao bem-estar delas quanto ar fresco e luz do sol. Elas não têm a ideia de que estão "incompletas" até encontrar o par perfeito, casarem-se, terem filhos e aí estarem "terminadas".

Essa ideia de *estar terminada* não é francesa.

Depois de anos juntos, os homens e as mulheres franceses não começam a usar bonés iguais nem *nada* combinando. A francesa sabe que o fato de ser diferente, a feminilidade dela, foi o que chamou a atenção dele. É o que o desafia. Pense nisso. Se nos permitimos nos tornar uma companheira gêmea dos nossos amantes ou maridos, sempre concordando com eles, usando roupas parecidas, concordando com tudo que eles dizem, todo o tempero logo desaparece. É nessa hora que um homem se desgarra. Ele precisa de desafio. Portanto, nunca desista. Sempre mantenha sua individualidade e seu distanciamento.

Vive la différence

O que a francesa faz é continuar a crescer e mudar e evoluir ao longo da vida toda. Ela encontra novas paixões. Ela faz isso por si mesma, não pelo homem dela. E, enquanto ela se dedica a essas paixões e cuida do Jardim Secreto, também está no mundo, conhecendo outras pessoas. Conhecendo outros homens. E, assim, ela continua a construir o grupo dela. Ela tem amigos e amigas. E, é claro, francesas casadas oferecem muitos jantares, onde casais e solteiros se misturam. Isso tudo coloca o marido/namorado dela em alerta: ela é uma força no mundo, ela é admirada, e, se ele começar a se afastar ou negligenciá-la, haverá outros homens para tomarem-lhe o lugar.

Uma das principais razões para a francesa não mergulhar no relacionamento é que ela sabe que há muitas outras mulheres por aí, mulheres bonitas, que estariam muito dispostas a tomar seu lugar. Uma francesa nos contou o quanto ficou surpresa com a amiga irlandesa, que falava do casamento como sendo "para sempre", supondo que, depois de feito o juramento, tudo estava entalhado em pedra e ela não precisava mais se esforçar para ser sedutora ou feminina. Nossa amiga francesa nos contou: *"Você sempre precisa tratar um relacionamento como se fosse novo e pudesse terminar."*

E um francês nos contou o seguinte: *"Le mystère de la femme française c'est que son homme sait qu'il peut la perdre à tout moment."* (O mistério da mulher francesa é que o seu homem sabe que pode perdê-la a qualquer momento.)

A qualquer momento

E sim, é verdade, há um lado negativo para tudo isso. E alguns franceses têm amantes. Seria de se esperar que só saber disso mantivesse a paixão viva e o cônjuge ou parceiro alerta. Ninguém na França se afunda na complacência no relacionamento. Os franceses sabem que sempre há alguém que poderia roubar sua pessoa amada. É uma realidade que os faz sempre se esforçar e estar atraente e fazer o melhor. Estão sempre alertas para perceber outros admiradores. E sim, sim, sim, mesmo um ou uma amante ocasional — apesar de isso não ser tão bem aceito quanto podemos pensar.

O mito da amante

Desde que a amante do presidente francês François Mitterrand apareceu no enterro dele e ficou de pé ao lado da esposa dele, o mundo fala. Isso foi comparado aos problemas do presidente Bill Clinton, e o diálogo costuma ser mais ou menos assim: *"Oh, aqueles franceses! São tão modernos! Olhe isso! Não se importam quando os homens têm uma amante e uma esposa. Ninguém liga para isso."* A suposição é a de que (e os homens adoram promover essa ideia) a maioria dos franceses tem uma amante, além das esposas, e as francesas aceitam isso bem. Os homens parecem esquecer sobre o mito das francesas todas terem amantes. Eles gostam de fantasiar sobre a cabeça aberta das mulheres francesas. Talvez seja por isso que todos temos uma queda pelos franceses.

Eis o que Maurice, um francês de meia-idade, nos contou:

> As pessoas procuram um candidato ideal, com uma família bonita, alguém que elas gostariam de ser ou que parece ser um cara legal. Perdoe-me se simplifico muito. Os franceses têm poucas expectativas dos políticos. Um político é visto como um tubarão, um safado, e nunca se pode confiar neles. Você não quer ser amigo

dele e sabe apenas que precisa aguentá-lo. Você normalmente tenta encontrar a pessoa que parece ser o menos pior do grupo. O que é bem difícil!

Então, se Mitterrand tinha uma esposa e uma amante famosa, e um filho famoso fora do casamento, é verdade que não achamos que ele deveria renunciar por causa disso, mas também é verdade que ele não é um exemplo que nos inspira.

Não achamos que Clinton tinha que renunciar porque foi pego de calça arriada. Vai ser sempre um grande constrangimento para ele, com certeza, mas não é o fim do mundo e não é o mesmo que criar um plano para entrar em uma guerra falsa, se é que você me entende.

Depois de conversar com muitas mulheres *e homens* franceses, a verdade é que as francesas geralmente não toleram que os maridos tenham amantes. Obviamente, ter casos é uma coisa que acontece em todo o mundo. Os homens têm casos e as mulheres têm casos. Não é verdade que as francesas não ficam com raiva e com ciúme quando descobrem que o homem delas está tendo um caso. Elas ficam. Uma francesa nos contou isto:

> Acho que não daria mais certo para mim como casal; seria o final de tudo para nós. Falei para o meu marido desde o começo: se você alguma vez tiver dúvida entre mim e outra mulher, simplificarei tudo para você, não vai mais haver dúvida, você pode ir embora com a outra e me esquecer! Algumas podem perdoar... mas é difícil demais esquecer...

Portanto, parece que essa francesa não é muito diferente da maioria das mulheres. Embora as mulheres que entrevistamos que tinham 40 anos ou menos dissessem que jamais tolerariam infidelidade no casamento ou num relacionamento com compromisso, elas também disseram que as mulheres mais velhas e as mulheres anos antes toleravam as amantes dos maridos. No entanto, eram arranjos econômicos. As mulheres nos anos 1930, 1940 e 1950 não tinham recursos financeiros para sair de um casamento quando descobriam a amante, e assim eram forçadas a morder a língua e aguentar a infidelidade dos maridos. Contrariando o mito, elas não aceitavam isso, e não ficavam felizes. Algumas arrumavam amantes, mas a maioria não, e acabavam se dedicando à casa e aos filhos.

De cinco às sete

Isso se refere às horas de indiscrição. É verdade que alguns franceses têm casos. Eles guardam segredo dos cônjuges e têm uma ótima expressãozinha para eles. Cinco às sete é o horário depois do trabalho e antes do jantar da família ou de negócios. É um horário em que amantes se encontram em apartamentos, quartos de hotel e até mesmo em escritórios. Uma americana que mora na França há muitos anos disse que os casos acontecem e que muitas pessoas têm amantes, tanto homens como mulheres. Ainda assim, não é algo *abertamente* aceito e parece que qualquer pessoa com quem se converse sobre isso diz que conhece alguma *outra* pessoa que está tendo um caso. A pessoa com quem se fala não está tendo um caso e a esposa dele ou o marido dela certamente não está fazendo sexo rapidinho de cinco às sete em um quarto de hotel. Eis o que nossa amiga americana nos contou ter observado sobre casos enquanto morava em Paris:

> Sim, acredito que é mais aceito aqui ou pelo menos tolerado. Ambos os sexos fazem, mas não necessariamente os dois membros de um casal. Casamento aberto, não. Necessidade de paixão e romance, sim. As pessoas se casam relativamente cedo aqui sem ter tido muitos parceiros nem relacionamentos, então é inevitável que traiam mais tarde. Muitas pessoas têm amantes.

Portanto, para esclarecer, sim, os franceses estão tendo casos.

Não, eles não são aceitos abertamente. Sim, são guardados em segredo. (Não é diferente do resto do mundo.) E se um cônjuge ou companheiro descobre, isso pode significar o fim do casamento ou do relacionamento. Todo mundo parece conhecer alguém que tem um ou uma amante, mas ninguém parece acreditar que seu próprio companheiro/a está cometendo traição. Não é algo de que se fale abertamente. Quando entrevistamos francesas solteiras, elas contaram histórias de como tinham sido abordadas por homens casados propondo que tivessem casos. Eis o que uma francesa de 30 e poucos anos nos contou:

> De um lado, temos a pessoa que nem pensa em trair o outro. E do outro lado, a pessoa que trai.
>
> É claro, no segundo caso, quando se tem um amante, que é segredo, não se conta para o companheiro. Você pode até confidenciar para as melhores

amigas, mas só isso. A pessoa que é traída costuma ser a última a saber o que está acontecendo.

Ela também nos contou como tem amigos que são "felizes" no casamento e que pulam de amante em amante. Ex-namorados casados a procuraram querendo que ela virasse amante deles. Alguns homens casados só escolhem mulheres casadas para seus casos, e eles se encontram no trabalho ou se veem em hotéis na hora do almoço. Alguns franceses conhecem suas amantes na internet e começam envolvimentos porque estão entediados com o casamento e um caso oferece novas e excitantes possibilidades. Esses homens não querem deixar suas esposas e filhos, mas estão procurando um pouco de aventura. As esposas não sabem nada sobre isso e, se soubessem, as francesas garantem, *"haveria uma grande confusão"*.

Mas isso também é verdade para francesas casadas (ou envolvidas). Elas são frequentemente aliciadas por outro homem e podem ter um caso. Às vezes elas não têm. De qualquer maneira, a situação toda não parece muito diferente da infidelidade em qualquer lugar. Todos sabemos que acontece, talvez não do modo como é na França, mas na maioria dos lugares não é algo abertamente aceito.

Seja a amante em seu casamento

A chave é nunca permitir que o lar se torne tão familiar que não "vemos" mais um ao outro. E, como mulheres, precisamos lutar para fazer nossos amantes e maridos nos perceberem e nos valorizarem. O primeiro passo para ser a amante em seu próprio casamento é sair de casa. Tenho uma boa amiga americana que criou o que ela chama de "A Cura do Hotel". É uma solução simples e bem prática para o tédio na cama nos casamentos. A cada seis semanas mais ou menos ela marca de encontrar o marido em um quarto de hotel. Às vezes é só por uma noite e às vezes é por um final de semana, mas sempre reaviva o relacionamento.

Um pouco de afastamento também pode criar saudade e desejo. A questão é encontrar o que torna você interessante e usar isso. Encontre o que originalmente atraiu seu parceiro e redescubra quem você é fora da união. Faça coisas que a deixam feliz.

Os homens sabem que uma mulher que é feliz, que se sente confiante e sexy e muito bem consigo mesma é uma amante disposta e sempre pronta. Ela não se distrai com pensamentos de como o traseiro tem covinhas, ou que devia fazer alguma coisa sobre o escritório bagunçado, ou que precisa muito mesmo perder 5 quilos. Uma mulher confiante, sexy e feliz é livre para ousar e se divertir. Ela tem liberdade para ser sensual e a mente dela é livre para apreciar os prazeres da intimidade.

Quando deixamos nossas inseguranças na porta, ficamos livres para dar e receber prazer. As francesas amam dar prazer aos homens delas. Não se trata de sacrificar o que elas querem. Há certa filosofia entre os franceses de que a verdadeira alegria em fazer amor não vem do próprio prazer, mas primeiro de dar prazer ao parceiro. E não é um comentário machista, porque quando conversamos tanto com homens quanto com mulheres franceses, eles vão dizer que o importante é dar prazer ao parceiro de cama.

Os homens do mundo todo querem nos dar prazer, e como podemos ajudá-los nessa missão? Em geral, quando nos casamos, paramos de tentar agradar. Para muitas de nós, durante a paquera, somos motivadas pelo objetivo — queremos seduzir e impressionar nosso amante para que ele acabe querendo ficar conosco, por todos os tempos, para todo o sempre. Podemos tentar esconder nossos defeitos ou enfatizar nossas qualidades. Perdemos peso, compramos roupas novas e nos dedicamos a um novo hobby que acreditamos que vai impressionar o objeto de nossa afeição. E depois, quando nos casamos, "relaxamos". Esquecemos a dieta. Usamos as mesmas roupas velhas. Esquecemos o hobby. Nos preocupamos com as tarefas do dia a dia. Podemos até começar a ver nosso parceiro como uma extensão nossa. E, quando vamos ficando mais e mais próximos do companheiro, nos tornamos cada vez menos exóticas, fascinantes, diferentes, perturbadoras e um desafio. Em um nível, essa familiaridade é adorável, mas na verdade é a morte do romance e do mistério. A pior parte disso é que paramos de sair e de cuidar do nosso grupo. E, como nosso marido ou companheiro não vê outros homens flertando conosco, ele pode ficar complacente e pode esquecer que *"o mistério de uma mulher é que o homem sabe que pode perdê-la a qualquer momento."*

É por isso que a francesa casada passa uma parte do tempo longe do marido. Ela visita amigos em outra parte do país por alguns dias e volta com uma percepção diferente.

Uma francesa nos contou que mantém o casamento animado sendo criativa na cama. Ela disse: *"Você não pode ser tímida na cama! Se ele tem fantasias, é bom acompanhá-lo!"* Portanto, sim, você pode ser a amante no casamento. O importante é se divertir, ter uma noção de teatro e ser mais do que um pouco francesa.

E agora você pode ser todas essas coisas. Você só precisa de um pouco de perfume, boa lingerie, algumas receitas, um grupo de amigos, um par de sapatos sexies e muita atitude!

Et voilà, você agora é uma francesa!

Lições de Francês

Surpreenda seu marido/companheiro com um novo visual. Não fale nada sobre isso, só mude alguma coisa em você de repente. Convide amigos para um jantar na sua casa e, se você deixou seu grupo desaparecer, trabalhe para reconstruí-lo. Entre em uma conversa animada com um homem bonito e certifique-se de que seu marido veja isso, para que ele seja lembrado (sutilmente) que pode perder você se não for cuidadoso.

Se você acha que a relação está meio morna, experimente "A Cura do Hotel". Não se esqueça de levar champanhe e várias peças deliciosas de lingerie.

13

Como ser uma francesa sem morar na França

Você pode não ter uma gota de sangue francês no corpo, mas ainda pode ser uma "francesa". A verdade é que somos todas um pouco francesas quando o assunto é amor e romance. O motivo é que a cultura francesa é uma cultura de feminilidade e beleza, então ela pertence por direito a todas as mulheres do mundo, e devemos fazer uso dela. Mesmo se você nunca viajou para a França e não conhece nenhuma pessoa nascida lá, você pode entrar em contato com suas verdadeiras raízes culturais como mulher. Alugue alguns filmes clássicos franceses — *A Bela da Tarde, Um Homem, uma Mulher, O Fabuloso Destino de Amélie Poulain, A Mulher e o Atirador de Facas.* Estude Catherine Deneuve. Leia *Madame Bovary* e *Le Divorce*. Leia todos os livros de Véronique Vienne! Compre uma bela echarpe e faça experiências usando-a de várias maneiras. Vá a uma palestra em uma Aliança Francesa da sua cidade ou faça aulas de conversação de francês. Entre para um grupo de degustação de vinho que se dedique a vinhos franceses.

Leia As *Mulheres Francesas não Engordam* e comece a comer como uma francesa.

E aqui está um pequeno guia de estudo para ajudá-la a começar.

1. *Pare de sair em encontros.* As francesas não saem em encontros. Elas têm um grupo de homens. Comece saindo da esteira dos encontros e conheça seu homem no contexto de um grupo de amigos e admiradores. Organize um jantar, saia depois do trabalho com seus colegas, convide-o para dar uma caminhada com você — qualquer coisa que mostre você no contexto de muitos homens e que tire você do encontro de duas horas estilo entrevista.

2. *Dê uma festa.* Convide velhos e novos amigos. É *très* francês misturar os locais aonde cada um vai se sentar para que fique sempre um homem ao lado de uma mulher. Não conte para nenhum homem que você tem planos para ele. Deixe-o no escuro. Mostre seus dotes culinários e sua habilidade de receber.

3. *Caminhe.* As francesas caminham para todos os lugares. Sim, é um ótimo exercício, mas elas fazem isso para serem vistas. Quando você caminha com um amante em potencial, ele não sabe que é um encontro. Não está pagando por nada, então não pode cobrar nada. O melhor de tudo é que, com a caminhada, ele vê outros homens olhando para você, então sabe que tem concorrência.

4. *Saia da internet.* As francesas conhecem homens no mundo real, em museus, filmes, bares e festas. Ser encantadora e um pouco sedutora é uma questão de sobrevivência, então elas conversam com todo mundo. É assim que conhecem tantos homens.

5. *Confraternize no trabalho.* Largue os ternos neutros e use alguma coisa um pouco mais ousada. As francesas não veem problema em conhecer homens no trabalho.

6. *Seja natural.* O visual francês é natural. Isso significa escolher uma parte do corpo para exibir, como uma saia curta acompanhada de uma blusa de botão. Ou batom vermelho com olhos pouco maquiados e sem blush. E jogue fora o secador de cabelo. As francesas não mexem muito com o cabelo; preferem um visual despojado e natural.

7. *Diga oi para seu ex.* As francesas terminam com os ex-namorados numa boa. Nunca se sabe quando vamos precisar de um encontro ou de alguém para acrescentar ao grupo.

8. *Crie um grupo.* Esse é o importantíssimo grupo de amigos composto de homens, mulheres, colegas de trabalho e novos interesses. As francesas saem em grupos para ir ao cinema e a bares, museus e concertos. Mais uma vez, é outra oportunidade de ver e de ser vista.

9. *Fique esperta.* Mesmo que você não seja realmente uma intelectual, carregue um livro e use óculos. As francesas sabem que ser inteligente é muito sedutor.

10. *Não reserve a prataria para um dia especial.* O que você está esperando? As francesas usam as coisas boas no dia a dia. É um dos segredos da incrível autoconfiança delas.

11. *Lingerie!* E elas também não guardam as calcinhas de renda. As francesas usam lingerie sexy todo dia. O sutiã e a calcinha devem combinar sempre. Esse é outro segredo por trás da autoconfiança delas.

12. *Cozinhe.* Sim, as francesas já sabem há séculos, e nós não acreditávamos, mas é verdade: o caminho para o coração de um homem é pelo estômago.

13. *Ame seu corpo.* O segredo para o amor-próprio são cremes e loções cheirosos. Os franceses amam perfumes e qualquer coisa que lhes dê a oportunidade de se sentir bem com o próprio corpo. Esse é o segredo do andar confiante delas — isso e o fato de que as mães delas as ensinaram a *andarem de cabeça erguida e postura ereta!*

14. *Cuide de seu Jardim Secreto. Le Jardin Secret.* É um eufemismo para um lugar ou mesmo uma pessoa que a francesa procura quando quer ir atrás de seus recursos interiores. Você pode ser mais francesa ao

guardar segredo — seja sobre sua obsessão por registros médicos medievais do século XIX ou a queda que você tem pelo cara do Starbucks. Sempre queremos ser honestas e contar tudo. Tente guardar alguns segredos.

15. *Menos é mais.* Experimente comprar uma saia linda esse mês. Coma porções menores. As francesas não gostam de aumentar a quantidade de nada. Elas contentam-se com o que têm — não apenas com comida ou roupas, mas com o homem delas. Não tentam mudá-los, e sim o aceitam como ele é.

16. *Fique ao lado do seu homem.* Leia o item anterior.

17. *Vive la différence.* As francesas são mulheres e não deixam que ninguém se esqueça disso. Use alguma peça feminina para o trabalho. Experimente viajar de saia e botas — você vai descobrir que vai receber mais atenção e alguém para ajudar a carregar sua mala!

18. *Você tem direito a ter mudanças de humor.* Você é *a mulher*. Ele é *o homem*. Você é intensa! Tem algum problema com isso? Exija seu direito de ser mulher, de ter flutuações de humor, de ter caprichos e ser emotiva. A vida é muito mais divertida quando você não tenta agir com racionalidade o tempo todo!

Agradecimentos

Sou muito grata a muitas pessoas que me ajudaram com esse projeto delicioso, mas sem minha amiga, minha tradutora e a companheira de viagem mais divertida que uma garota poderia desejar ter — Jessica Lee —, este livro não teria sido possível. Muito obrigada a minha maravilhosa agente, Irene Goodman, e a minha editora extraordinária, Audrey LaFehr. E agradeço especialmente a Isaure Mignotte, que trabalhou incansavelmente para verificar as traduções de francês e para se certificar de que coloquei os acentos nos lugares certos!

Ao escrever este livro, houve tantas mulheres e homens franceses e tantos americanos francófilos que abriram suas portas e seus corações para mim, que compartilharam suas receitas e seus segredos e opiniões mais intensas — bem, é difícil começar. Ainda assim, quero agradecer especialmente a Nancy Flavin, Sylvie Gourlet, Marie-Joëlle Jobevalot e Marjorie Van Halteren por nos receberem e nos mostrarem como os franceses vivem.

Agradeço a Carol Merriman pelo encorajamento e por bolar o título! Agradeço a Robin Lillianthal por todas as coisas filosóficas, a Devin Norwood, meu guru pessoal, a Werner Sieber pela longa amizade, a Paula Martin, que acreditou em mim quando eu não acreditei, a Beverly Aker pela fabulosa preparação de originais e a Laurie Graff e Deborah Kainin por sempre me inspirarem.

Escrevi a maior parte deste livro no Virginia Center for the Creative Arts, e agradeço a eles pela generosa companhia literária.

Por fim, mas não menos importante, agradeço ao meu pai, à minha filha e ao meu marido, que sempre apoiou meu desejo de expressar de verdade a garota francesa que tenho dentro de mim!

markgraph

Rua Aguiar Moreira, 386 - Bonsucesso
Tel.: (21) 3868-5802 Fax: (21) 2270-9656
e-mail: markgraph@domain.com.br
Rio de Janeiro - RJ